高中化学高效课堂构建概述

刘兴武◎著

中国出版集团　现代出版社

图书在版编目（CIP）数据

高中化学高效课堂构建概述 / 刘兴武著. -- 北京：
现代出版社，2023.2
ISBN 978-7-5231-0197-1

Ⅰ．①高… Ⅱ．①刘… Ⅲ．①中学化学课－教学研究
－高中 Ⅳ．①G633.82

中国国家版本馆CIP数据核字(2023)第023202号

高中化学高效课堂构建概述

作　　者	刘兴武
责任编辑	王志标
出版发行	现代出版社
地　　址	北京市朝阳区安外安华里504号
邮　　编	100011
电　　话	010-64267325　64245264(传真)
网　　址	www.1980xd.com
电子邮箱	xiandai@ cnpitc.com.cn
印　　刷	北京四海锦诚印刷技术有限公司
版　　次	2024 年 4 月第 1 版 2024 年 4 月第 1 次印刷
开　　本	185 mm×260 mm　1/16
印　　张	9.75
字　　数	228千字
书　　号	ISBN 978-7-5231-0197-1
定　　价	58.00元

前　言

高效课堂是指在有限的时间和空间内，采取恰当的教学方式，激发学生学习的积极性、主动性；让学生参与学习过程，最大限度地实现知识与技能，过程与方法，情感、态度与价值观三维目标。也就是说，在高效的化学课堂中，教师运用恰当的教学方法，调动学生学习化学的热情，激发学生学习化学的兴趣，让学生在化学课堂上积极主动地参与到化学教学中来。但长期以来，我国应试教育的理念严重制约了高中化学课堂的改革与创新，呆板的课堂教学模式，灌输式的授课方式，使学生被动接受化学知识，知识是越学越深，学生普遍畏难，缺乏学习兴趣。所以，在高中化学教学过程中，要注意优化课堂教学，从而构建高效课堂，使学生既能学到化学知识，又能实现学生的全面发展。

课堂教学的优化、高效课堂的构建是减轻学生负担，提高学习效率的重要方法。在高中期间的化学教学过程中，充分运用化学学科的特征，有效地备课，并辅以现代多媒体教学方式，结合高中生的特点，在学习中达到"省时省力，开发兴趣，轻负高效"的目的，让高中化学高效课堂的构建水到渠成。

本书从高中化学课堂分析出发，针对高中化学教学特点进行高效课堂构建，从师生双方的角度出发对高效课堂的构建提出建议。本书主要介绍了高中化学高效课堂的构建理论、构建原则，以及对化学课堂的讲课艺术、教学模式、教学技能等进行了深入的分析和探讨，旨在给读者在化学课堂教学、化学教学体系构建方面提供借鉴，从而提高高中化学教学效率和教学质量。

目 录

第一章 高中化学高效课堂构建理论

随着社会经济的高速发展，社会对人才的需求不再满足于量的追求，更多地关注质的提升。高质量人才的培养主要来自教育。教育为适应社会发展，价值追求由知识本位向综合素质本位转变。国家新一轮基础教育课程改革正处于燎原之势，应这种趋势，课程内容、课程实施、课程结构和课程评价需要进一步转型。课堂教学作为实施素质教育的主要阵地，作为课程改革的重要环节，作为学校开展教学活动的主要形式，关注度的提升不言而喻。随即，各种各样的教学模式此起彼伏地出现。高效课堂从 2009 年正式提出到现在，一直是教学实践领域研究的热点之一。什么是高效课堂？它是在怎样的理论基础上发展而来的？其特征、要素、原则和标准又是什么？明确这些问题对广大基层教育者来说是很有必要的，因为它引领着教师教学实践，是课堂教学改革的着力点。

第一节　高效课堂的概念及相关理论实践

概念是认识新事物的起点，是引导人们进入一个新问题、一个新领域的基石。正确认识高效课堂的内涵，厘清它与其他课堂的界限和标准，并了解其产生的理论基础，是广大教育工作者把握高效课堂的首要环节。本节通过梳理国内学者对高效课堂的认识和已有的高效课堂模式，并追溯其理论渊源，为教育工作者开展高效课堂实践提供理论基础。

一、高效课堂概念的内涵界定

夸美纽斯说："寻找一种教育方法，使教师因此可以少教，但是学生多学。"叶圣陶先生说："教是为了不教。"他们的教育思想都是在主张教育的同时提升教学效率，提升学生的学习效率。

高效课堂，是相对于传统的、低效的课堂而言的，应时代诉求的一个新命题，也是在

1

有效课堂基础上的更高的境界追求。高效课堂必须是立足于课堂的，是在课堂教学中实现的。低耗高效包括课堂效率的最大化、课堂教学的高效果和课堂效益的最优化。所谓教学效率，是学生的学习收获与教师、学生的教学活动量在时间尺度上的量度，强调的是单位时间内学生的受益量。单纯强调效率的高低，是功利性的，是应试的。高效果是在特定阶段，课堂教学很好地达到预期教学目标。高效益是指教学活动的收益和教学活动价值的全面实现，满足个人和社会需求。效益的最优化更注重强调的是综合效益，注重强调的是学生的全面和谐发展，有学生知识量的增长，也有在兴趣培养、习惯养成、学习能力、思维能力与品质等诸多情感方面的发展。高效率是优质高效的最低层次，关键要看教学效果与效益。

在查阅文献的过程中，形形色色的概念和定义已然存在。有的学者直接从理论层面探究，如《构建化学高效课堂之我见》《高效初中化学课堂教学标准与实现》《高效课堂的四个要件》等，从高效课堂的含义、要素、标准等方面来阐释高效课堂的理论溯源；有的学者则侧重从化学课堂教学的某一方面着手，如《有机化学高效课堂教学有效性评价的探索与实践》《激趣导学，合作探究，打造化学高效课堂》《"五字"建构化学高效课堂——以学生为中心教学法在化学教学中的应用》等，有关于评价的，有关于方法的，角度各有不同；还有的学者从教学实践中去深化对高效课堂的理解，如《高中化学高效课堂构建分析》《新课程背景下高中化学高效课程的构建》《打造高效课堂的实践与思考》等，主要是从如何构建和构建怎样的课堂着手。不同的文献中对高效课堂的定义有不同的侧重点，不同的学者和教育工作者对高效课堂认识的侧重点也不一样。这里将这些高效课堂的定义大致分为以下四类。

第一类，着眼于"课堂"的高效课堂。

陈莹认为高效课堂是在有效课堂的基础上，完成教学任务和达成教学目标的效率较高、效果较好并且取得教育教学的较高影响力和社会效益的课堂。梁青认为高效课堂是指教育教学效率或效果能够有相当高的目标达成的课堂，是有效课堂的最高境界。宋盈盈认为所谓高效课堂，是指在课堂学习结束后，教学目标达成效果较好，实现教学目标的效率较高，教学课堂所传递出的社会价值影响力较大，实现收益较高的课堂。这些学者认为实现高效率的教学目标就是一个成功的、高效的课堂。邱玉梅认为高效课堂就是在课堂教学中，充分合理地利用有限时间，调整教学方法，选择科学实效的教学策略，获取最大的教学效果，使学生的知识储备与能力得到最大限度的发展。观点与之相类似的还有齐华，他认为高效课堂是指在一定的时间内，通过各种措施，采用合理的教学方式，极大地调动学生学习的积极性和主动性，高效地完成学习目标的课堂。这些学者认为时间最短、方式最佳、效率最大的课堂就是高效课堂。张广利认为高效课堂就是学生主动学习、积极思考的课堂，是学生充分自主学习的课堂，是师生互动、生生互动的课堂，是学生对所学内容主动实现意义建构的课堂。胡程程认为高效课堂是指高效型的课堂或是高效性的课堂。高效性的课堂，是指在教师的带领下和学生的自主思考下，使课堂的教学效果达到相当高的水平，最终能促进学生获得比平时更高效的发展。

这一视角强调的是高效课堂作为一种课堂形态，能高效地完成教学任务、实现高的教学目标的课堂就是高效的。

第二类，着眼于"教学形态"对高效课堂进行界定。

田俊杰、李雪莹认为高效课堂是一种教学形态，集中表现为教师教得轻松、学生学得愉快，是知识和情感都能得到发展的教学形态。赵玉莲认为高效课堂是一种融学生认知建构与情感激活、教学控制与情境创设为一体的教学形态。这些学者认为教师的教和学生的学都融合了情感在其中，不能局限于知识的学习。宋秋前认为高效课堂是最接近于理想课堂的教学形式。李炳亭认为高效课堂强调的是自主、合作、探究，是真正意义上的高效。秦丽楠认为高效课堂是在常态的课堂教学活动中，通过教师的引领和全体学生主动而积极的思维过程，在单位时间内高效率、高质量地完成教学任务，促进学生快速发展。张力勇认为高效课堂教学的终极目标既指向教师高效地"教"，又指向学生高效地"学"，是师生共同经历的一段生命历程。这里所讲的教学形态主要是教师和学生共同发展的活动形态。

第三类，着眼于从投入和产出来衡量是否高效。

申雪平、申江萍认为高效课堂就是在课堂一定的时间内获取最大教学效益的教学活动。李庆涛认为高效课堂的基本思路是教学中的教师和学生双方的少投入和高产出。教学投入是指双方在时间、脑力负担、精力、物质等方面的投入；教学产出是指双方在知识、情感、技能、意志等多方面的收益，是真实课堂的价值实现。段栋苗认为高效课堂要求在教学时间、教学任务量、教学效果等方面做到"轻负担、高质量、低耗时、高效益"。胡程程认为高效课堂就是为了追求课堂教学效率和收益的最大化，完美整合三维目标，使课堂教学的功能得到最大限度的发挥，在一节课的有限时间内最大限度地去完成教学任务，达到最终的育人目标。龙宝新认为高效就是"降耗、增效、固本、强力"，是降低大量无效的、机械的、无聊的教学活动的投入；是依赖教学设计的优化、教学方式的优选和教学过程的专业化推进；是建立在以学生为本、以学习为本的基础上；是强化学生的学习力和内驱力。赵世林认为所谓高效课堂，就是用尽可能少的时间获取最大教学效益的课堂教学活动。他强调课堂中应当做到"两个减少：讲解时间和听讲时间""两个增加：教师引导时间和学生探究时间""两个提高：教学效益和学习效益"。夏传峰认为高效课堂就是引导学生用相对较少的"精力投入"（不仅是减轻学生过重的作业负担、时间负担，更主要的是减轻学生的脑力负担和心理负担）去获取相对较多的"学习收获"。

这一类观点的重点在于从投入和产出的角度来看待效率的高低，少投入和高产出是其核心观点。着重从时间和效率的相关上来进行阐述。在有效的时间内，生成高效的发展，是高效课堂所追求的。

第四类，也是前三类分类的最终目标，着眼于学生的发展与否来界定课堂是否高效。

周小虎认为在高效课堂中学生的学习状态和学习能力得到很高的发展，强调学生的主体性发展，教育的效果和效益都得到了有机的结合。李炳亭对高效课堂的概念进行了转述，即"知识的超市"和"生命的狂欢"。"知识的超市"的丰富性和多样性，体现的是对学生和学习的尊重，给予学生选择权和自主性；"生命的狂欢"是提供学生展现自我、成就自我的舞台，尊重学生的自主性、创造性和发展性。王俊认为高效课堂是以促进学生全面发展为目标，以确保学生主体地位为保障，构建动态平衡的课堂生态系统，以利于学生高效学习和幸福成长的课堂组织形式。他认为教学要有两条主线：一是要以学生为主体；二是怎样促进学生高效学习。郭素芹认为高效教学就是在教学中，教师通过一系列的教学行为或方式对学生的学习施以影响，促进学生学习能力的提高和学习目标的达成。余文森认为高效课堂"指师生以课程标准为导向，遵循教学活动特别是学生活动的规律，以尽可能少的时间、精力和物力的投入，取得尽可能多的教学效果，产生尽可能好的教学效益，从而实现特定的教学目标，满足社会和个人的教育价值需求而组织实施的活动"。

高效课堂的最终目标是要促进学生学习的高效，使学生知识和能力得到最大的发展，因此要坚持生本原则。有的学者直接提出了"生本高效课堂"，即在改变传统课堂教学以教代学的基础上，强调教师引导学生开展自主学习、互动合作探究学习，旨在培养学生良好的学习习惯和品质，提升学生学习能力和综合素质，优化课堂教学结构和教学行为，从而提高课堂效果、效率、效益的教学方式。学生的高效发展，指的是学生在知识与技能、过程与方法、情感态度与价值观等方面的和谐发展。具体而言就是学生在课堂上掌握相应的知识和技能，学会学习，思维能力、创新能力和实践能力得到发展，能树立正确的价值观。

综合以上对高效课堂的定义和认识，我们不难发现，高效课堂的核心问题就是要保证学生的发展，教学目标是否得以实现是其参照点。当然，课堂是交往的平台，是师生共同建构的。高效课堂是高效教师和高效学生交往的活动。教师在面对教学条件复杂多样、课堂内容千差万别的情况下，采取相应的课堂教学策略，实现教学的有效和高效；学生在高效课堂的模式学习下，能树立主体意识和创新精神，提高自主学习的能力和合作能力，得到全面发展。

二、高效课堂的相关理论

高效课堂作为一种新型的教学思想，其理论基础是深厚的，涉及诸多前沿教育教学理论。这些理论为高效课堂的探索奠定了坚实的基础。

（一）有效教学理论

高效的起点是有效的。有效教学就是高效课堂改革的母体支撑。夸美纽斯在 1632 年出版的《大教学论》中首次提出班级授课制能提高教学效率，成为有效教学思想的鼻祖。关于有效教学的观点，主要有加里·D. 鲍里奇指出的有效的课堂教学应体现的五个特征：①清晰的教学思路；②多样化的教学方法；③任务导向明确；④学生的投入；⑤成功率高。蔡宝来教授等认为课堂有效教学最主要的特征是：注重课堂教学的发展功能，创新课堂教学模式；关注动态教学，实现课堂的预设与生成的平衡；营造积极课堂气氛，变革教学方式；聚焦学生成长与进步，减轻学生负担。

侯耀先、栾宏的《有效教学论》和高慎英、刘良华的《有效教学论》这两本著作中，主要介绍了有效教学的含义、特征、影响因素和标准、基本原则、基本要素、基本模式、组织和管理、实施策略等方面，对有效教学做了系统的把握和梳理。根据对这些文章的解读，可将有效教学理论理解为：有效教学的评价标准是学生的有效学习，其核心是关注学生是否有进步和发展，是在遵循教学规律的前提下，教师以尽可能少的时间、精力和物力投入，取得尽可能多的教学效果，从而实现特定的教学目标、满足社会和个人的教育价值需求而组织实施的活动。这里提到的教学目标是指学生在知识与技能、过程与方法、情感态度与价值观方面的目标是否得到和谐发展。

实现课堂有效教学的前提是教得有效，而追求的目标是学得有效。有效教学是师生在教学活动中遵循教学活动规律，采用各种有效的方式和手段，以尽可能少的教学投入，取得最大的教学效益和效率，促进学生在知识与技能、过程与方法、情感态度与价值观三维目标上获得整合、协调、可持续进步和发展，从而有效地实现预期的教学目标，满足社会和个人的教育价值需求而组织实施的教学活动。这一定义中认为评价教学是否有效，就要看学生是否进行了有效的学习，学生非智力因素和智力因素发展水平是否提升了，在教学活动中得到哪些方面的进步，还要看新课改提出的三维教学目标是否得到了实现，教师的教和学生的学是否都是有效的，是否是合乎教学规律的。

（二）教学最优化理论

教学最优化理论由苏联教育家巴班斯基创立。该理论的核心命题是：如何以最少的时间、精力和物质的消耗来寻求最佳的教学效果。换句话说，就是强调在教学过程中能否达到两个标准：一是效果与质量标准；二是时间标准。"每一个学生在教养、教育、发展三个方面都达到他在该时期内实际可能达到的水平，但不低于所规定的评分标准的及格水平"——效果和质量标准主要是指教学的目标实现效果，学生发展到哪种限度；"学生和教师都遵守有关课堂教学和家庭作业的时数规定"——时间标准是教师能在最短时间内完成教学任务，学生能在短时间内理解和吸收教学内容。当然，巴班斯基强调最优化的标准是具体的，是指一定条件下的学校、一定的班级在具体条件制约下所能达到的最佳效果。我们不可能找到一切情况均可套用的教学方法。最优化的标准是相对的，对不同的教学过程，必须抓住本质的、主要的环节，否则不可能找到最优方案。"最优化"在本质上是一种质的追求，是一种意义、状态和境界的追求，而不是一种量的追求。其实质是在教学过程中，消耗最少的时间、精力和物质，合理使用现有资源，运用最佳的教学方法，提供适当的教学内容，制定合理的进度目标，给予恰当的教学评价，充分地利用现有的条件，情境化地实现教学效果的最优化。

最优化就是对具体问题的具体考虑。比如说，在我国现有的以班级授课制为主的集体教学组织模式下，分组教学或个别化教学作为补充模式，就是针对学生人数多、教师资源有限的情况下采用的。将这两种模式的优点有机地结合在一起，不仅有助于学生个体的发展，还有利于学生群体的进步，在提高教学效率的同时提高了教学效益，体现了教学过程最优化的原则。

（三）建构主义教学理论

建构主义在知识观、学生观和学习观方面提出了许多新观点，对传统的教学和课程理论提出了巨大的挑战。建构主义强调学习者通过意义建构的方式获取知识。建构主义教学理论认为，学习是获取知识的过程，但知识不是通过教师传授得到的，而是学习者在一定的情境即社会文化背景下，借助其他人（包括教师和学习伙伴）的帮助，利用必要的学习资料，通过意义建构的方式而获得的。

1. 知识观

建构主义的知识观，强调知识并不是对现实的绝对表征，只是一种解释和假设，它不是完全客观的，也不是确定无疑的，只要在具体情境中就会有动态的认识。知识的学习不是简单的教条式的掌握，而是需要学习者能将学到的知识运用到现实生活中，运用到具体的情境中，以他们自己的经验、信念为背景来分析知识的合理性，靠他们自己的建构来完成。针对这里的"知识"要有两点质疑：一是科学知识包含着真理性，但不是绝对的真理，也不是绝对权威。二是对知识的学习，教条式地接受、囫囵吞枣地吸收不是其唯一的方法，需要学习者将现学的知识和已有的知识经验相结合和消化，或者通过"同化"和"顺应"，构建自己的知识本体。这种知识观虽然有点激进，但是其提倡的主动建构和对知识的批判精神是现在所需要的。

建构主义的知识观为高效课堂教学中学生的地位和作用，以及学生在学习过程中主观能动性地发挥起到理论指导的作用。它提出学生对知识的吸收，是在分析知识的合理性并结合自己的知识经验背景之上建构完成的。针对这样的知识观，教师不能强迫学生机械地接受知识，要充分考虑学生的思维发展状况和学生的已有知识经验，注重结合生活，教给学生科学的学习方法，引领学生获取教学知识。教师也可以作为学习者，不断建构自己的已有知识，与时代同步，做到可持续发展，适应情境中的复杂变化，给学生正确的引领。

2. 学生观

建构主义强调，学生并不是空着脑袋走进教室的，他们在日常生活、学习中，已经形成了丰富的经验。所以，教学不能无视学生的这些经验，而要把学生现有的知识经验作为新知识的生长点，引导学生从原有的知识经验中"生长"出新的知识经验。教学要为学生创设理想的学习情境，增进学生之间的合作，激发学生的推理、分析等高级思维活动，促进学生自身积极的意义建构；强调学生已有知识经验、认知结构、兴趣、需要等对意义建构的影响，主张学生是学习的主体。

建构主义学生观强调教学过程中要重视学生的最近发展区能力。学生的已有知识、已有经验、已有图式是不容忽视的，这些是新知识的生长点，是需要在"备学生"中特别注意的。学生的差异性和创新性更是需要关注的。学生受家庭、教育和外界的不同影响，看待问题的角度不同，理解力也不尽相同，教育工作者需要做的是倾听他们的想法，有接纳学生不同看法的宽容态度，有处理各种突发事件的应急能力，在教学中视情况之需而做出调整。正确的学生观是更好的教的前提。

3. 学习观

建构主义认为，学习不是知识由教师向学生的传递过程，而是学生建构自己的知识的过程。学生不是被动的信息吸收者，而是意义的主动建构者，这种建构不可能由其他人代替。学习者的知识建构过程具有三个重要特征：一是学习的主动建构性。面对新信息、新概念和新命题，每个学生都在以自己原有的知识经验为基础建构自己对新知识的理解。二是学习的社会互动性。学习任务是通过各成员在学习过程中的沟通交流、共同分享学习资源完成的。三是学习的情境性。知识并不是脱离活动情境抽象的存在，知识只有通过实际情境中的应用活动才能真正被人理解。因而，学习应该与情境化的社会实践活动结合起来。学习是在社会文化背景下，通过人与物、人与人的互动，主动建构已有的过程，而不是直接接受现成理论的过程。

学习不是简单的知识由教师到学生的传递，即教师教了学生就学，教师不教学生就不学，也不单单是知识由外在的课本知识转移到内在的背出来的知识。知识的学习过程是需要内化的。内化是建构的过程，是学习者主动地建构自己的知识经验的过程，是在新知识和旧知识、新经验和旧经验相互的、经常的、反复的相互作用过程中建构的。有时二者会出现冲突，有时会出现叠加和累计，学习者出现的观念转变和已有知识图式的重新建构都是其表现。教是为了不教，这里强调的是学生要有主动学习的意识，在学习过程中，教师是引导的角色，学生是建构的角色。

4. 教学观

建构主义强调帮助学生从现有的知识经验出发，在真实情境中，通过操作、对话、写作等进行意义建构。建构主义认为教学要把学生现有的知识经验作为新知识的生长点，引导他们从现有的知识经验中"生长"出新的知识经验。它认为学习是在社会文化背景下，通过人际间的活动而实现的意义建构的过程。这里要求教师要为学生创设良好的教学情境，安排合适的教学内容，给学生提供丰富的资源和工具，帮助、组织和引导学生萌生新的经验，习得新的知识。

建构主义的教学理论知识主要强调的是学生主体性的作用，是以学生为中心的。这与高效课堂的主旨即促进学生的发展是一致的。

（四）多元智能理论

多元智能理论是在 1983 年由霍华德·加德纳提出的。加德纳把人的智力分为言语—

语言智力、逻辑—数理智力、视觉—空间智力、音乐—节奏智力、身体—运动智力、人际交往智力、自我反省智力、自然观察者智力和存在智力。他认为每个学生都在不同程度上拥有这九种基本智力，智力之间的不同组合表现出个体间的智力差异。他提出的"以个人为中心的教育"观念，强调人们之间的差异主要在于人与人之间所具有的不同智力组合。对于学生，必须承认每个学生的认知特点都是不同的，需要基于充分的理解并使其得到最好的发展。承认每个学生有不同的潜能，九种智力就是代表了不同的潜能。每个人都具备多元智能的潜能，这些潜能只有在适当的情境中才能充分地发展出来。每个学生都在不同程度上拥有上述九种智力，智力间又存在不同的组合。组合不同，个体间的智力不同。教育的起点不在于一个人有多么聪明，而在于怎样使学生变得聪明，在哪些方面变得聪明。

这一全新的智力理论对课程设置、教学内容、教学方法和评价方法等诸方面都提出了新的挑战。比如说，教师评价一个学生发展的高低，应该从多角度、多方面考察，使学生的特长得到充分发挥，发现学生的长处，树立学生的自信，并能促使学生其他方面的智能也能协调发展，从而提高每个学生的综合素养，更好地适应社会发展的需要。

所以高效课堂教学要求教师去了解每一个学生的背景、兴趣爱好、学习强项等，发掘学生可能存在的潜能，有意识地设计和采用最有利于学生学习和发展的教学方法和策略，帮助学生树立自信，促进学生主动发展。

（五）信息加工理论

1974 年，加涅依据现代信息加工理论提出了一套学习过程的基本模式。他认为学习是一个有始有终的过程，是由一系列时间构成的。在各个信息加工阶段发生的时间为学习时间，它是学生的内部加工过程。教学事件是学习的外部条件，是与学习阶段完全对应的。教学就是由教师安排和控制这些外部条件构成的，教学的艺术就在于学习阶段与教学阶段的完全吻合。高效课堂是追求学生学习和教师教学的有机结合，是将学习阶段的内部过程与教学的外部事件联系在一起的。动机阶段是学习的开始阶段。学生有学习的欲望，教师在教学过程中需要把目标告诉学生，激发学生的学习动机，因为学习动机是借助于学生期待学习任务取得满意结果这一心理过程建立起来的。第二阶段是领会阶段。学生对外部刺激环境做选择，教师给予学生指导注意。第三阶段，学生将储存在头脑中的短时记忆信息经过编码加工转入长时记忆中，教师在这一阶段刺激学生回忆知识，提供各种编码程序，鼓励学生选择最佳的编码方式，在学习过程中起指导作用。第四阶段，学生将获得的信息经过回忆、强化后，以语义编码的形式加入长时记忆，做到正确提取信息，避免相似的刺激同时出现，减少干扰因素的出现。即使出现，也能准确无误地进行区别。教师需要在这一阶段帮助学生准确无误地提取其语义编码。第五阶段是回忆阶段，学生将习得的信息和知识通过作业等方式外显地表露出来，教师指导学生强化信息的保持。第六阶段是概括阶段，学生对习得知识进行迁移，教师指导学生概括和掌握其中的原理和原则。第七阶段是作业阶段，学生通过作业判断自己的学习成果，教师则通过查阅学生的作业来获取反馈信息。第八阶段是反馈阶段，让学生能及时了解自己的作业是否正确，强化知识。

（六）"最近发展区"理论

维果斯基认为，学生的发展有两种水平，一种是学生现有的发展水平，即学生根据已有的经验和知识能独立完成某一项任务的水平；另一种是学生可能达到的发展的水平，是学生在教师或者同伴的指导和帮助下，可能达到的较高层次的水平。两种水平之间的差距就是"最近发展区"。"最近发展区"是随着学生知识的增长、能力的提升而不断改变的。

学生的发展水平很大程度上是与教育教学息息相关的。在课堂教学过程中，要求教师要了解学情，就是要了解学生现有的知识经验和能力水平，从而选择合适的教学内容和教学方法，引导学生走向更高的水平。教师在教学过程中要为学生提供教学支架。在学生学习遇到困难时，教师应提供适量的帮助。过多的帮助，会让学生产生依赖；过少的帮助，会让学生在归因时过多地归结于自己的智力问题，失去学习的信心。学生在教师和同学的帮助下顺利解决问题的过程，也是潜在发展水平提升的过程。

高效课堂的宗旨是要促使学生发展，学生发展水平的提升当然属于它的目标。"跳一跳就能够得到"的教学目标就是将差距缩小，或超越潜在水平，向更高水平发展。

（七）合作学习理论

合作学习是 20 世纪 60 年代末至 70 年代初兴起于美国，并在 20 世纪 70 年代中期至 80 年代中期取得实质性进展的一种教学理论与策略体系。合作学习是以学生为中心的教学理念。它与传统的教学模式的最大区别就是，前者是以学生为中心，后者是以教师为中心。合作学习理论主要强调的是学习理论，而不是教学理论。学生是学习的主体，合作学习是以促进学生发展为宗旨的。

合作学习以小组活动为载体，是在一定的教学目标导向下，以同伴之间互助合作的方式，最终测评的是小组的总成绩。课堂教学中，教师应当兼顾学生的个体性与集体性的特征，保护学生的个体差异性，客观评价小组活动。小组合作存在两种情况，一是同组异质，二是同质异组。也就是说，在一个组内，成员的性别、学业成绩、能力水平、兴趣爱好等方面是不同的，组内成员具有互补性。但是相同性别、年龄、素质的学生又可以分到不同的组内。小组是一个小的集体和生活圈，学生因小组的成功而高兴，因小组的落后而沮丧。组内成员不仅要对自己负责，更要对组内其他成员负责。

课堂是"合作交流的场所"，课堂的高效与合作融洽与否、合作有效与否紧密相关。组内成员可以通过合作，向比自己优秀的人学习，而且同自己年纪相仿的学生共同学习，这样学习效果会更加明显，学习会更有进步。而且在组内，不能过度依赖他人，而应该表现自我的主体性，要有参与意识和竞争意识，积极发表自己的看法，为组争光。

第二节 化学高效课堂建构的要素及本质特征

新的模式呼唤新的生态。高效课堂教学模式的生态化发展需要组成高效课堂诸要素的通力合作。高效课堂是在有效教学的基础上提出的，它和有效教学一样，不是一种模式化的教学范型，而是一种具有广阔创造空间的教学活动，是不同属性、不同发展阶段的学校探索的独具一格的教学模式，是一种为提高教学效果而不断探索、改进、优化的教学过程，是一种教师高效地教，学生高效地学的教学模式。这种高效模式的构建是有自己的要素的。

一、化学高效课堂建构的要素

高效课堂作为一种教学模式，是人们在时间状态下，系统而综合地组合教学过程的诸因素，整体地操作教学活动的一种相对稳定的形式。

（一）高效课堂建构的要素及功能

1. 好的教学环境是高效课堂孕育的土壤

教学环境是指学校教学活动赖以进行的各种客观条件的综合。在高效课堂中主要是指教学活动的时空条件、教学设备、校风班风、师生关系，等等。教学环境主要是在教室之中，学校内部的一切事物，无论是有形的还是无形的，无论是物质的还是精神的，都或多或少地作用于教学活动。教室环境中的物理性因素，如空气、温度、光线、声音、颜色、气味等直接影响着师生的身心活动。因为生理上的不同感觉，又能使师生产生特殊的情绪情感。校风、班风等集体行为风尚作为一种隐性的文化氛围和隐性的环境因素，影响着学生的人格和品质的形成，它代表着一种集体成员的共同的心理倾向，对塑造学生的态度和价值观起着很大的影响作用。

教室的布置也是构成教学环境的一方面。教室是教学活动展开的主要场所，是教师和学生日常学习、生活时间最长的场所。一个整洁舒服的环境，更有利于学生愉快地学习。读书角、学生风采、名人名言、学习园地等教室装饰，能为教学环境增加光彩。

另外，民主、平等、融洽的师生关系也是教学环境的组成部分。

2. 化学教师是高效课堂的能动因素

影响教学质量的重要因素在于教师。教学的过程是教师及时感知教学状态、准确调整教学策略、随机更新教学步骤的连环过程。教师与教学方式、教学方法关系密切。教师的高素质不仅表现在有丰富的教学理论知识，还表现在教学过程的组织和优化中，表现在教学方法和策略的抉择中，表现在教学评价中。教师是教学活动的主体之一，教师高效是课堂高效的一个重要前提。教师又是学习和生长的开发者，为学生学习和成长提供着可能性。

教师要制定真实的目标，明确这节课需要教什么，学生需要学什么，教师教和学生学要达到怎样的标准；同时在课堂教学中也要将这些目标细分成一些小的目标和多层次的具体目标，细分成一些可以考核和达标的小目标，增强学生的内驱力。

教师在备课时要深入，一是教学内容的选择和取舍，了解教学内容的重点和难点。这些重难点的处理方法也要进行方案设计，根据大多数学生可以接受的内容选择教学的材料，寻找课堂的思维发散点，解决知识是否需要引申、知识的拓展延伸到什么程度等等问题；二是要对学生的学情有清楚的认识，了解学生的已有知识经验、学生的兴趣爱好、学生的家庭情况，学生的学习背景等情况，了解学生的"最近发展区"，对症下药。

教师在教学过程中，从导入到总结，要选取有效的教学策略和教学方法，如探究法、讲授法、讨论法、实验法等都是在化学课堂中经常用到的。方法的选择要与内容的难易相结合，又要与学生的兴趣相结合，最终目标是要学生学会、学生会学。"教学有法，教无定法"，教师要深刻理解这句话的意思，采用合适的方法进行有效的教学。同时强调在教学提问中，问题需要精心设计，提问要有技巧，而且要分对象进行提问；要关注教学语言的运用，用诙谐幽默的语言给学生带来轻松的氛围，用肯定激励的语言让学生充满自信，用精练经典的语言让学生受益匪浅。

教师进行教学反思时，首先要反思教学任务是否完成，教学目标达成了多少，因为教学目标既是教学的起点也是教学的终点。这一项目可以根据学生作业、练习结果的反馈来分析和了解。其次，反思教学过程中哪些目标实现了，是怎样实现的，反思教学方法是否合适，反思教学内容是否合理，学生出现哪些情况，出现这些情况的原因是什么，反思对学生的评价是否恰当，等等。

以上这些都是教师进行教育工作时所需要关注的。此外，作为教师，还要有高尚的职业道德，不断提升自身的师德素养，不断更新教育理念。教师的教学活动关系着高效课堂能否实现，而且教师的教学活动都需要关注学生，是建立在相信学生、尊重学生和发展学生的宗旨之上的。

3. 学生高效是高效课堂的核心和宗旨

高效课堂是自主、探究、合作的课堂，其主体和核心都是学生。这里所指的学生的发展是指全体学生的发展和学生的全面发展。首先，让全部学生投入课堂，而且是高度的投入。主动和积极地参与小组活动，参与合作学习，参与到班集体中，是学生高效发展的一部分。学生在课堂中，不仅学到丰富的知识，能够发展其认知能力、思维能力、实践能力、合作能力和创新能力等，还能树立正确的价值观，在集体中还能得到感情的培养，促进学生全面而又长远的发展。全体学生的发展，是在课堂的全部时间中，全体学生都能够积极参与和思考，提出不同的见解，保持最佳的学习状态，能够明了地说出自己已经学到了什么、怎样学的。学生高效的学习是衡量课堂高效的核心。

4. 高效课堂的灵魂在于师生互动的过程

教学过程不仅是传递与接受知识的过程，更是师生双方交流互动的过程。教师会教，学生会学；教师爱教，学生爱学；教师能教，学生能学的状态，为课堂的长期高效的保持提供了可靠的保证。

教师要全面地认识"尊师重道"的内涵，改变"一言堂"的教学模式，改变权威的压抑的课堂氛围；树立"学生真正成为课堂的主人"的思想，让学生多发言，创造轻松愉悦的环境，师生互动，维持师生平等的关系。

以上对高效课堂的要素分析主要是对已有研究的分析和总结，也主要是对课堂的组成要素进行描述。还有一种是将高效课堂作为一种教学模式来描述其要素的。

（二）基于教学模式的高效课堂建构要素分析

1. 理论指导

任何教学模式都是在某一种或某几种教学理论下提出来的，体现一定的价值取向。高效课堂的教学模式是以多种教学理论思想为指导的，如第一节所述的有效教学理论、最优化理论、建构主义学习理论、信息加工理论、最近发展区理论、合作学习理论，等等。高效课堂就是在这些理论的指导下，在 2009 年萌芽并逐渐发展壮大的。

2. 主题

在一定的理论指导下，每一种教学模式都有一个突出的主题。高效课堂的主题就是要以学生的发展为本。"以生为本"这条主线，贯穿和指导着整个模式体系，支配着模式的其他构成因素，是其他要素作用的核心对象。

3. 目标

高效课堂是顺应教育改革的步伐而提出的，教学的三维目标同样也是高效课堂的目标。知识与技能、过程与方法、情感态度与价值观的三维目标实现程度的大小就是衡量课堂是否高效的直接标准。即高效课堂对学生的培养，既包括认知方面，又包括能力方面，还包括态度价值观方面的发展。

4. 程序

教学模式的程序是指完成目标的步骤和过程。任何教学模式都有自己的一套独特的操作程序和步骤，比如赫尔巴特的教学模式步骤为明了、联想、系统和方法四个阶段，杜威的则包括五个步骤；林林总总的高效课堂模式没有统一的程序标准，但都是按照一定的步骤进行的。教学程序源于教学阶段，并根据教学内容进行具体的设计，形成可操作的步骤。教学程序还规定了师生在活动中承担的角色和任务。

5. 师生组合和互动

教学又是教师的教和学生的学相互统一的活动。在这样一种活动中，教师和学生分别占据着一定的地位，并且充当着重要的角色，产生相互作用。高效课堂追求的是学生的发展。教师在教学中要把握这一模式的主题和目标，为学生的发展创设一个良好和谐的环境，与学生自由交流，知识情感方面交流要广泛。学生在教师创设的这样一种环境中，建构有助于自我发展的知识经验和实践经验。高效课堂的教学模式主要强调的是以学生为主的师生关系组合。

6. 条件

高效课堂的实施是有其特定条件的，只有这些条件得到满足，才能真正达到高效的作用。这些条件又包括对教学环境的设置、对教学材料的准备、对教学时空的把握，同时对教师和学生也有很高的要求。

7. 评价

教学评价是高效课堂模式实施的重要环节。重"效"重"学"是高效课堂与无效活动和低效活动的区别。

上述因素在一个教学模式中各自占据不同的地位，起着不同的作用，具有不同的功能。它们之间彼此联系，相互蕴含，相互制约，共同构成了一个完整的教学模式。理论指导是教学模式得以建立的价值基础和依据，对其他因素起着导向作用；目标是教学模式的核心，制约着操作程序；操作程序是教学模型实施的环节和步骤；师生组合是教学模式对教师和学生在教学活动中的安排方式；条件保证着教学模式功能的有效发挥；评价能使我们了解教学目标的达成度，并对活动过程进行反馈和监控，从而对操作程序和师生活动方式进行调整或重组，使教学模式能更为有效地达成教学目标。

二、化学高效课堂建构的本质特征

对高效课堂的内涵的梳理、对构成高效课堂的要素的剖析，为我们实践高效课堂提供了认识起点，但仍需要深入了解高效课堂的特征。

1. 高效性

很多学者认为，高效课堂是有效教学的"升级版"，高效的"根"是在有效教学的"土壤"中的。高效性是高效课堂的首要特征。这里强调的高效性就是要在有限的时间内，教师进行高效的教学，学生获得高效的学习。高比例的有效时间包括教师不仅要遵守上课下课的时间，保证有限时间内进行有效的工作，对教学时间的把握要张弛有度，巧妙地安排小目标所用的时间。高效学习，即学生在进行小组合作实验或讨论实验结果时，要真正有所感知和收获，要积极参与和思考，提出自己的见解，要以解决学习任务为中心，学习知识，提升能力。学生的学习要掌握方法，好的学习方法经常会起到事半功倍的效果。教师的高效教学，首先是备课做到"三备"，即备教材、备学生、备教法；课堂提问避免程式化，难易程度要适当，提高提问的高效性。当然教师教学方法的选取也要恰当，比如说：$3Fe+4H_2O\ (g) \xrightarrow{\text{高温}} Fe_3O_4+4H_2$，化学方程式书写虽看似简单，但是不容易识记，而如果学生通过做实验并仔细观察，就能很轻松的认知。教师还可以将化学反应的现象呈现给学生，或运用信息技术手段产生特殊效果，给学生不一样的视觉感受。作业布置要有效，能帮助学生很快进行记忆和操作，同时符合教学任务的要求。若是没有良好的课堂教学组织，教师就会疲于应付不断出现的课堂问题，而无暇顾及课堂教学的效率高低，更谈不上高效课堂。合理地安排课堂教学各个环节所占用的时间，适时地讲授和辅导，给学生留足够的时间进行思考，合理安排课堂教学中学生的参与活动，均是科学的组织教学的表现。

2．互动性

营造积极、主动、和谐的课堂氛围为课堂高效提供了可能。互动性包括三个方面：①师生互动。师生协作对话的课堂中，教师调动学生的积极性和主动性，这就需要教师在教学活动中巧妙地运用语言，创设生活情境，激发学生的兴趣，吸引学生的注意力；另外，灵活地利用情感策略，不抨击学生，赞扬学生的闪光点，这样，学生在教师的鼓励下，增强了学习自信、学习动机，也会渐渐地由不喜欢化学课到喜欢上化学课，由不喜欢化学老师到喜欢化学老师。②生生互动，这里涉及小组合作学习。小组内部人员必须是"异质"的，可以按照学习成绩层次来进行组合，也可以按照能力不同进行组合，组内成员要在平等的原则下交流思想，尊重其他同学的看法，集思广益，既要有竞争意识又要有合作意识。③师师互动。如同学科教师的不同教法之间的交流，新老教师间经验的交流，还有同班级和同年级的教师间的交流，这不仅是在学科专业发展上的互动，更是在对学情的了解上的交流。

3．生活性

化学学科的性质，决定了化学教学与生活紧密联系。如教学"铜、铁、铝的性质"时，学生根据生活实际和自己的经验，小组间互相交流总结，结合教材内容解释现象。教师引导学生相互交流自己在日常生活中观察到的现象，一方面能让学生更好地识记知识，理论与实践相结合，解释实际生活现象；另一方面，还能潜移默化地督促学生时时关注生活，培养学生的观察力和解决问题的能力。再比如说，节日里燃放焰火，铁易生锈，还有食品安全等问题，防腐剂、保鲜剂等各种化学物质，这些都是学生生活中经常接触到的。学生利用所学的化学知识，有助于他们进一步了解、认识这些生活中的问题。这样的特性对激发学生兴趣、提高学生的记忆水平是非常有帮助的。

4．生本性

学生的发展是高效课堂的终极目标，以学生为中心贯穿于高效课堂活动的始终。学生是学习的主体，具有潜在的学习力。

传统课堂的"师本"和高效课堂的"生本"是在师生角色上的转换。只有教师的登台表演，只有教师的发言，只有预设课堂的完美呈现，是不属于有效课堂的，更不属于高效课堂。在高效课堂上，学生可以上讲台演讲，可以指出教师的错误，能发表自己的看法，能展示自己的学习结果。

高效课堂立足于"学会、会学、乐学和创学"。学生在课堂中学会了什么，是主动地学习还是被动地接受，是快乐的过程还是痛苦的记忆，是在理解的基础上学会还是死记硬背地学会，这些都是高效课堂所要关注的。

5. 个性化

当下已经涌现出了各式各样的高效课堂的模式，这些模式都是各学校的本体化发展，是根据学校自身的发展状况、生源水平和教师质量等情况而具体设计和选择的模式。学校的差异造就了高效课堂追求的模式也是不同的。每一个学校的基本校情是不一样的，每一个班的成员成分也是有区别的。根据校情和班情，教师设计不同的教学方案，教师共同体之间的磨合会走向一种稳定的趋势，最后形成本校的一种品牌模式。

另外，化学学科的模式设计也是需要独具匠心的。学科教学有其共性，但也有其个性，应根据教学内容的不同，选择不同的教学方法。比如化学课中常用的实验法和教师的演示法，给学生不一样的视觉效果和兴趣激发，在语文课中就不太需要。而且，每一种教学模式，都有其明确的主题和目标，更有其适用的范围和个性化的鲜明特点。所以说，每一种教学模式都是对教学过程诸因素的独特综合。高效课堂改革是以科学的理论指导为基础的，教学活动是符合教育规律和学生发展规律的，是将教学中的各个环节全面兼容的课堂。

第三节 化学高效课堂的评价标准及原则

结合构建高效课堂的要素和高效课堂应具备的特征，分析评价课堂是否高效的标准有哪些也就变得顺理成章。何为高效课堂？不同学者着眼点不同，但可以为化学学科高效课堂的评价标准提供参考。我们可以根据现有的指标，结合自己的校情和班情研制自己的标准和原则。

一、高效课堂的评价标准

教育有没有标准呢？有的，这一标准就是基于对人的尊重。高效课堂作为一种教育模式，当然也是有其评价标准的。

1. 是否有助于学生的发展

高效课堂是关注"人的教育"的课堂。学生是一个个灵动的生命，是有着独特的思想、思维能力的。学生的发展又包括很多方面，如知识是否增长、思维是否发展、能力是否提升，等等。

（1）知识学会了吗？

这包含着从不会到会、从不懂到懂、从不能到能、从少知到多知的变化。学生自身在很短的时间内学到了本节课的知识，是有效；学习到了具体的知识，还能将习题正确地解答、说明理由，是有效；课上发言了，得到教师和同学的肯定，是有效；掌握了好几种解题方法，是有效；提出了疑问，并得到解答，是有效。高效就是在这些有效的基础上缩短时间，增进学习效果，提高学习效率。

教师应在课后反思：这节课教了什么？学生学到了什么？学生用多长时间学会的？是通过什么样的方式学会的？是否全体学生都学会了？等等。

当然这里说的知识也不能是"死知识"，应该是"活的知识"，只有活的知识才能生根、开花和结果，让学生在生活中用得上，实践中会用。

另外，知识还包括有深度的知识。深度，要求教师在知识的引申上下功夫，包括化学学科前沿知识、学科动态发展方向，还包括学会当前学习知识与已有知识之间的关联。

（2）思维碰撞了吗？

传统课堂逐渐向有效课堂、高效课堂转型。教师"满堂灌"，某个或某几个优生的"一言堂"已然为大家所摒弃。课堂不是一个或几个人发言的场所，不是他们几个人思想传递的场所，而是所有学生不同思路、观点、想法交织的场所，是学生发现新问题、表达新观点的地方。今天学生发言了吗？发言时是否有理有据？是否参与了小组讨论？课堂气氛活跃吗？这些都从不同方面反映了学生是否进行了思考。

思维碰撞意味着学生能通过不同角度的思考，进行发散思维。比如在化学习题课中，有些题目可以有多种解答方法，学生可以结合所学的知识，尝试不同的思路。教师应鼓励这些有不同解法的学生走上讲台，与同学们分享，相互质疑，相互启发。

（3）能力增长了吗？

高效课堂的关键是"学习能力"。高效课堂的高效不是局限于知识的学习，知识的学习是最低层次的效率，而遵从于素质教育的能力的发展才是高的效率。只有有利于释放学习者学习力的课堂才可能是高效课堂。教学是要挖掘学生的学习潜力，发展学生的智力因素和非智力因素。尤其在合作小组中，是由不同"质"的学生组成的，学生"术业有专攻"，发挥自己的长处，将长处和优势变成强有力的能力。比如说，语言表达能力强的学生可以和观察能力强的同学相互合作，将记录的细节准确清晰地分析给同伴听；逻辑能力强的同学会特别关注数字、符号方面的学习；等等。教师要能发现这些学生的优点，并帮

助这些学生将其发展成为相对应的能力，解放并挖掘学生的潜在能力、创造能力。

2. 是否有一个良好的教学氛围

教学氛围是教学活动中的心理环境。教室环境的布置属于物理环境。良好的教学和学习环境是前提，是教师和学生身体和精神上保持愉悦状态的保障。

（1）师生间的多维互动。

教师亲切、和蔼、友善地面对学生，学生在教师的引导下畅所欲言，教师能和学生平等地对话，和谐的师生关系是教学相长的前提。师生共同在教学活动中创设一种宽松和谐的学习氛围。在这个氛围中，学生能真实地感受到自己的存在，能自由地表达观点、表现自己，还能主动展示自己的才华，从"心动"到"行动"再到"激动"，最大限度地展现自己，提高效率。教师走进学生中间，参与学生的讨论，分享彼此的情感、知识和思维，迸发出新的思维火花，达到共享、共识、共进。

多维互动，既有知识方面的讨论，也有情感方面的交流；既有学习上的探讨，也有生活上的分享；既有语言上的互动，也有行为上的互助。

（2）师生间的包容文化。

一个专制而冷酷的课堂岂能有学生的开放、创造和狂欢？师生间不是命令、指责、干预的关系，课堂是一个思想解放的场所，是兼容并包的地方。教师在讲解和解释说明一个原理或一件事情时，在与学生谈话时，必须克服那种装腔作势的态度，接受学生在课堂上那种积极活泼的生活状态；学生在建构知识的过程中，不能因为不喜欢教师就否定这个教师讲解的知识观点，不能因为教师的性格、外貌等对教师不尊敬。师生间的爱和尊重是相互的，相互怀有好感、相互尊重和友爱的，才是完成教育任务、实现教学目标该有的环境。

（3）教室环境的布置。

教室，是课堂教学的场所。教室环境的优劣，对课堂教学能否顺利进行会产生影响。教室的光线、色彩、噪声、温度等各种因素对进入教室的每一个人的感知都会产生或多或少的刺激。教室内的装饰、布置情况体现着班级文化，是班情的表现之一。舒适的环境有助于良好的情绪、情感的体验。

评价课堂是否高效的最根本的标准还在于学生的发展状况，围绕"以学生为中心"是永恒不变的宗旨。

二、高效课堂必须遵循的原则

1. 主体化原则

课堂教学实施的对象是学生，学习主体是学生，学习的过程是学生在实践活动中自己体验、思考，总结知识的发生、发展的过程，从中逐步形成正确、健康的情感、态度、价值观。学生学习要成为在教师指导下主动的、富有个性发展的过程。学生主体性的形成，既是教育的目的，又是教育成功的条件。

主体性原则主要是指学生要作为学习的主体，成为学习的主人，要树立自我学习目标和发展方向，结合自身的兴趣爱好，树立理想；要有自主选择学习小组的权利，有自主选择适合自己的学习方法的意识。学生不仅要有发挥主观能动性和自主选择的权利，还要有作为主体的义务意识。要将有限的时间转化为高效的时间，成为课堂的参演者、发动者和组织者；要克服学习障碍，最大化地发挥自己的潜在能力。

2. 生成性原则

高效课堂的目标包括"学会、会学、乐学"，即知识、能力、情感方面的生成符合课程目标要求的三维目标。课堂生成一方面是预设内容的生成。教师在备课和设计教学时，要考虑到课堂可能出现的突发状况和学生独特的思维情况，减少在课堂中不可预知情况的生成，避免课堂低效。另一方面即不可预知内容的生成。这对教师在教育教学方面有更高的要求，需要教师"即兴创作"，对不可预知、不期而至的情况冷静理智地处理。要不断充实教师在教学方面的经验等自然生成的教育资源。教学是动态的，是在目标和计划的导向下进行的，但又是预设教学的超越和发展。

3. 民主原则

师生关系在人格上是民主平等的关系。教师要树立民主的教学思想，尊重学生的人格，真诚面对学生，关心爱护学生，公正对待学生，客观认识学生的差异，尤其对学习成绩不够理想的学生，教师要多鼓励、多关怀，相信他们的潜力，建立和谐、融洽、民主的师生关系。

4. 合作性原则

小组成员的协同工作是实现班级学习目标的有机组成部分。合作学习是时代发展的要求，是现代教育的重要特征。在教与学的互动过程中，教师与学生要分享彼此的思考和经验知识，交流彼此的情感体验与理念，丰富教学内容。要加强组织，指导学生进行合作学习，培养学生的合作意识。在备课过程中，教师之间要加强合作交流，共享优质教学资源，发挥集体智慧，形成共同的施教方案，实现教学相长、共同发展。

5. 实事求是原则

备课和施教过程中，教师要总体把握教学流程，结合自身的专长，从实际出发；要认真对待学生提出的质疑，注重学生的潜能发展，遵循教学知识的科学性；在与同行教师交流中要虚心请教，承认缺点和不足，正视自己的实际情况。同时，针对有些公开课频繁预演的情况，我们认为教师要还原生态的课堂，不弄虚作假。

6. 开放性原则

高效课堂的开放性主要表现在：①教学内容的开放性。内容不完全依赖于教材等资料，要结合生活实际情况，也要结合学科前沿知识，还有各学科知识之间的衔接点。②教学策略的开放性，即不拘泥于自己熟悉的方法，要结合学生的兴趣和内容的需要呈现不同的教学方法。③教学评价角度的开放性。主要是在教学语言方面，不吝惜表扬用语，赏识学生的多元智力能力。

7. 整合性原则

教学环节从导入到讲授新课，到课堂小结，再到巩固练习，要做到环环相扣、紧密结合，同时也要把握各要素的优化组合，如物理环境教学设施要素、教师和学生组成的人员要素、课程资源和教材教辅等信息要素的优化组合，还有教学中的目标、过程、内容、方法、组织、结果和评价等动态要素的优化和整合。教师在分层教学、分层指导时，也要格外注意循序渐进和整体把握相结合。化学学科知识的学习是由易到难、由简到繁的，教师教学、学生学习中要注意学科知识内部的整合性，回忆并再认已有知识，构建新的知识。

教学模式一般由若干个要素构成，教学模式不只是表现和反映教学过程的一个方面或某个本质要点，而要揭示和解释在教学过程中诸要素之间的动态联系，要从全局上把握教学过程的始末。整合高效课堂教学模式的每一个要素，是至关重要的。

教学是促进学生发展的活动过程，学生既是学习的主体又是未来实践的主体，反映的是高效课堂的本质；学生学到的知识既是整合的、系统的，又是生成的、开放的，是课堂的重要载体；教学过程又是师生、生生平等交往的过程，他们在交往过程中本着民主性原则和合作性原则，这是高效生成的前提；而且教学活动是真实的活动，高效课堂是真实的优化的课堂，这是高效的保障。

第二章 高中化学高效课堂构建原则

第一节　高效化学课堂构建的价值追求

课堂是实施素质教育的主阵地，影响和决定着学生的成长与发展，抓住课堂，就抓住了教学工作的关键。聚焦课堂，重构课堂生活，建立民主、和谐的师生关系，提高课堂教学效益，已成为现代教育需要解决的重大课题。因此，构建"和谐高效思维对话"型课堂具有历史的必然性和深刻的现实性，它不仅是协调和处理课堂教学所面临诸多矛盾的最佳选择，更是提高教师教学效率、减轻学生学业负担的最有效途径。

一、改变教学现状更新教育教学理念

当今，无论是教育主管部门，还是教育专家、广大教师，如果不改变教育思想，不更新教育教学理念，中国的教育是不会有一个大的变化、大的改观的。对课堂教学来说，便永远只能是传统的满堂灌、填鸭式，教师将永远居高临下、主宰垄断课堂，学生永远只能是被动接受的容器，他们的潜能得不到充分发挥，能力得不到有效锻炼，个性得不到优化张扬，创造能力和创新意识也将难以发展。

1. 构建"和谐高效思维对话"型化学课堂，是改变高中化学课堂教学现状、实现新课程背景下教师角色及理念更新的需要

基于"高中化学课堂教学在很大程度上仍受制于高考、教师和教材（辅）表现出相当的'权威性'、学生化学学习兴趣和主动学习精神缺乏、大部分教师驾驭课堂教学的能力不足、师生之间缺少必要的情感交流和有效的思维对话、高中学生对教师的教学期望高、化学教材一定程度上存在脱离实际的倾向、学生缺乏良好的独立实验习惯、很多课堂教学效率不高、课堂缺少和谐的教学氛围及教学情景"等教学现状，构建"和谐高效思维

对话"型化学课堂，不仅是努力改变和消除这些教学现状的需要，也是与时俱进、提高教育质量的战略举措，更是教育界贯彻落实科学发展观最富有成效的实际行动，它将为教育的健康持续发展提供雄厚的理论和实践支撑。

以学生为中心的教学理念，要求教师是一个新课程实施的组织者，学生学习的引导者、帮助者与合作者，而不仅是一个课堂的指挥者；从实施新课程、促进学生发展的目标看，教师不仅是课程实施的组织者，还是课程的开发者、研究者，学生自主学习和全面发展的促进者；教学的灵活性、多样性、变化性，要求教师是一个课程的决策者，而不仅是一个执行者；学习方式的改变和信息交流形式的不同，要求教师是一个对话者、一个教学活动的平等参与者，而不仅是单纯的知识传授者。美国教育家杜威早在几十年前就呼吁把课堂还给学生。"和谐高效思维对话"型化学课堂的构建正是体现了这一思想。教师要勇于拆除摆设在心灵深处居高临下的讲台，架设起与学生平等交流的平台。这样，不仅理念更新了，角色变了，位置变了，而且所获得的教学成功的喜悦也是前所未有的。

2. 构建"和谐高效思维对话"型化学课堂，是进一步认识高中化学新课程理念、回归生活世界寻找教育意义的需要

新一轮的基础教育课程改革，确立了体现时代精神的新的课程观，构建符合素质教育要求的新的课程体系，实现课程理念的重建。"以人为本、以学生发展为本"是课程改革的出发点；开放型的课程观是构建现代化课程体系的必然选择；民主化是构建新型师生关系和课程管理体制的牢固基石；强调"知识与技能、过程与方法以及情感态度与价值观"的整合；树立终身学习观，终身学习将成为未来每个社会公民的基本生存方式；改变课程评价过于强调甄别与选拔的静止观，树立评价促发展的发展观；批判与创新是本次基础教育课程改革的灵魂；回归生活是新课程改革的必然归宿。"更鲜明的时代特色，更宽广的选择空间，更深刻的人文内涵，更多样的评价方式，更全面的科学素养，更自主的探究活动，更强烈的社会使命，更扎实的教学研究，更丰富的课程资源"便是高中化学新课程理念的概括呈现。构建"和谐高效思维对话"型课堂，不仅可以帮助我们进一步深化和落实高中化学新课程理念，而且我们的课堂教学活动也能和谐、有序、顺利地进行，学生的创新意识和实践能力也会得到进一步提升和发展，同时，构建"和谐高效思维对话"型课堂也是构建和谐校园与和谐社会的需要。

我国现行教育的基本性质是以学科中心论的形式所体现出来的社会中心论，因而整个基础教育课程体系是被全面工具化的。我国基础教育的主导观念是：课程即间接经验。学

生的直接经验的价值仅仅在于更好地掌握各学科中的间接经验。新课程、新标准的实施，意味着我们将选择一种新的教育、新的生活和新的发展，为了每一个学生的发展，为了每一个学生的生存，我们的教育工作将转移到"回归生活世界寻找教育意义、改变学习方式解放学生个性"上来。只有回归生活，真正实施"和谐高效思维对话"型化学课堂教学，才能真正实现新课程理念，体现出鲜明的时代特色。

二、聚焦课程建构着眼于课堂生活创新

构建有助于高中生全面发展的课程目标体系，突出了过程和方法；确立适应不同学生发展需要的高中化学课程结构，突出了思维的开放性；课程内容力求体现基础性、时代性、人文性和实用性，突出了与国际接轨的方向性和教师处理教材的灵活性；通过多样化的学习方式培养学生的探究能力，倡导多样化的教学评价方式，促进学生的全面发展；积极开发和利用课程资源，推进新课程的实施，突出教材和教学资源的互补性；采用学分管理模式，兼顾各类学生的需要，突出教法与学法的统一性。高中化学新课程体系的这些鲜明特点，警示我们在新课程背景下对教育真谛的深度追寻，迫使我们重新审视已有的化学课堂教学模式。当"教材中心、教师中心、课堂中心"的传统"三中心"教学形态不得不淡出我们的教学视野时，"和谐高效思维对话"型课堂体现新课程体系建构的、适应现代教育教学观念的崭新课堂教学形态也就顺理成章地走进我们今天的教育，新的课堂生活构建也就此拉开了序幕，着眼课堂生活创新也就成了摆在广大教育工作者面前亟待解决的重要课题。

1. 构建"和谐高效思维对话"型化学课堂，是实现高中化学课程内容现代化、面向教育未来发展性构建的需要

以化学学科发展和化学在人类生产发展中的重大作用为线索，构建具有时代气息的化学课程内容体系是十分必要的。这不仅体现了学科综合、学科交叉的发展趋势，而且有助于学生形成新的化学观念和方法，为他们未来的发展和从事相关职业提供必要的基础。1995年中共中央、国务院提出了"科教兴国"的战略；党的十七大报告把教育放在"加快推进以改善民生为重点的社会建设"的框架中，并提出"优先发展教育、建设人力资源强国"的目标。从"教育是阶级斗争的工具"到"科教兴国""教育先行"战略，这种教育观念的转变是教育领域最大的突破，它指导着我国教育事业的不断发展和深入改革。化学教育也要与时俱进，面向生活、面向社会、面向未来，实施"和谐高效思维对话"型化

学课堂教学，是面向教育未来的发展性构建需要。

2. 构建"和谐高效思维对话"型化学课堂，是彰显化学新课程体系编写特点、培养学生综合科学素养及生存能力的需要

高中化学新课程立足于九年义务教育，从社会和化学发展的线索出发，尊重学生个性发展的需要，重视课程整体设计，突出模块功能，联系社会、科技和未来职业的需要，以全面提高学生的科学素养为宗旨，体现绿色化学思想，关注可持续发展，强化实验功能，转变化学学习方式。从"知识与技能""过程与方法""情感态度与价值观"三个维度较全面地阐述了课程目标。与原高中教学大纲中的"教学目的"相比，课程总目标更好地体现了对高中生科学素养的具体要求，尤其突出了后两方面在学生未来发展中的重要作用，涉及"科学探究能力""问题意识""与人合作""获取信息和加工信息""反思评价""学习兴趣""实践意识""可持续发展的思想""辩证唯物主义世界观""责任感和使命感"等目标。结合必修模块和选修模块的内容特点，高中化学新课程的内容目标更为具体，可操作性更高，对有关的课程内容分别从认知性目标、技能性目标、体验性目标进行了概括性的描述，为构建"和谐高效思维对话"型化学课堂提供了重要的参考依据和坚实的理论支撑。

（1）保证基础性，突出时代性，体现选择性，重视实用性。

第一，高中化学必修模块教材精选基础知识和基本技能，突出重点，既为全体学生的发展提供必需的化学基础知识和基本技能，又为继续学习选修课程的学生打下必要的基础，同时注意对学生进行过程与方法、情感态度与价值观的教育，以提高全体学生的科学素养和培养终身学习的能力。例如，在学习"氯气与水反应"后的"身边的化学"栏目中，介绍了漂白与消毒，提到了目前市场上销售的"84消毒液"。这不仅使学生了解到所学知识在日常生活中的应用，也使学生懂得了所学知识的重要意义。

第二，高中化学选修模块的内容以学生个性发展的多样化需求为主，注意到与必修模块的合理衔接。选修模块和必修模块同属于高中化学课程，在学科知识与教育理念上保持着内在系统性和理念的一致性，但相互之间又体现出一定的独立性。这种独立性以学生的不同需求为基础，由其选择性的要求决定。所以，选修模块的教材在设计上不同于过去教材的不同章节，且在知识重点与陈述方式等方面体现出各自的特点。各册教材中除正文外，还编有多种资料供学生阅读或选学，提供打＊号的习题，供学生选做，以适应不同学生的学习需求，突出了习题与教材内容的互补性。对所学知识适当补充和延伸，体现了新

教材注重培养学生收集信息的能力和自主学习的能力。例如，新型陶瓷、分子的属性、可降解高分子材料等。

(2) 合理构建了适应不同学生发展需要的课程体系结构。

为学生提供多样化的选择是高中化学课程的显著标志，它为志趣和潜能不同的学生的进一步发展奠定了良好的基础。为了能更好地反映现代科学综合化发展的趋势，以利于整体规划课程内容，提高学生的综合素质，体现对高中学生科学素养的全面要求，高中新课程在学科中设计了"学习领域"，特定的学习领域由课程价值相近的一个或几个科目组成。高中课程共分语言与文学、数学、人文与社会、科学、技术、艺术、体育与健康和综合实践活动 8 个学习领域。要求学生每一学年在所有学习领域内都获得一定的学分，以防止学生过早偏科，有利于学生的全面发展。如科学领域包含物理、化学、生物 3 个科目和地理的自然地理部分。同一科目由若干模块组成，模块之间既相互独立，又反映学科内容的逻辑联系。每一模块都有明确的教学目标，并围绕某一特定内容，整合学生经验和相关内容，构成相对完整的学习单元。高中化学课程由必修模块和选修模块构成，必修模块有 2 个，即《化学 1》、《化学 2》，《化学 1》、《化学 2》系全体学生必须共同学习的课程。选修模块有 6 个，可根据学生的需要任选一个或几个进行学习。每个课程模块 2 学分，36 课时。学生在高中阶段必须至少修满 6 学分。学生在学完化学 1、化学 2 之后（先学化学 1，再学化学 2），至少应从选修课程模块中任选一个模块进行学习。上述课程结构从学分上来要求，通常也称为"4+2 结构"。

第一，必修《化学 1》和《化学 2》是高中化学的基础，内容比较广泛，但知识都较浅显，更加强调和突出基础性，所以体系的构建从基础出发，突出基础知识的作用。《化学 1》突出化学以实验为基础的特点，重视最基本的化学反应，并通过元素化合物知识的学习体现化学学习的一些主要特点。《化学 2》则是在《化学 1》的基础上突出物质结构和元素周期律的作用，强调化学变化与能量的关系，同时通过有机化合物的知识来进一步认识结构和反应，最终将化学与可持续发展这一大背景相联系，更加凸显化学的重要性。

第二，选修模块根据内容的区别采取不同的安排。如《化学与生活》以介绍化学与营养、健康、材料、环保等方面关系的知识为主，不追求化学理论的系统性与完整性，意在使学生认识化学在实际生活中的应用。而《物质结构与性质》和《化学反应原理》则是为对化学原理有较高兴趣的学生设计的，在陈述方式和内容深度上仍保持高中阶段应有的要求及与基础模块的衔接，但是更注重学科知识的认知过程和要求，在叙述与推演上更重视事物之间的科学内涵与发展的逻辑关系。《有机化学基础》则比较系统地介绍了有机化

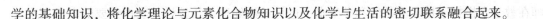

学的基础知识，将化学理论与元素化合物知识以及化学与生活的密切联系融合起来。

（3）重视科学探究活动，注重科学方法和能力的培养。

为了帮助学生变被动学习为主动学习，促进学生学习方式的转变，课程标准积极倡导多样化的学习方式，教材中编入以实验为主的多种探究活动和实践活动，使学生在做实验的过程中学习科学方法和培养科学态度。引导学生运用观察、实验、调查咨询、查阅资料、交流讨论等多种途径获取信息，提出具有探究价值的问题，结合有关的线索做出假设和猜想，自主设计实验和其他实践活动方案借助模型、图表、反应式和定量方法等描述化学变化过程，使学生在探究实践中获得知识和技能，体验学习化学的乐趣。例如，探究铁盐和铝盐的净水作用、调查分析空气污染的成因、设计电池装置、上网查阅元素周期表等。

（4）联系生产、生活和社会实际，重视学生已有的生活经验。

教材充分注意与生产、生活和社会实际的联系，适当引入科技新闻、资料、照片等实例。在教材编写中，尽可能以学生已有的社会生活经验为基础引入，以激发学生的学习兴趣，增强学生对科学的亲切感并学习实用性知识。例如，介绍海水资源的开发利用、饮用水消毒、维生素与人体健康的关系等。在内容的选择上，还力求反映现代化学发展的成就，积极关注与化学相关的社会问题，培养和树立可持续发展的观念，体现课程的时代特色。例如，介绍未来金属钛、导电聚合物、环境保护与绿色化学等。

（5）结合高中学生的认知特点，采用恰当的教材呈现方式。

第一，教材文字精练流畅，具有趣味性、启发性和可读性。

第二，适当设置各种栏目以便学生自学或复习，并为教师教学留有自由发挥的空间。

第三，适当运用插图、表格等呈现方式，以激发学生的兴趣，引发学生思考。

（6）新课程还突出了思维的开放性及教师处理教材的灵活性，关注了与国际接轨的方向性及教法和学法的统一性。

例如，《化学1（必修）》第1章第2节"观察金属钠的物理性质及与水反应的现象"中的"观察·思考"模块，"在观察过程中你发现了什么问题？"又如"金属钠与氧气反应的实验"的"思考"模块中，"这组实验对你有什么启示？"等开放性的问题，没有把学生禁锢在我们提供的信息搜索范围内，学生可以发挥自己的能力运用其他资源，去收集信息拓宽视野，从而提高思维能力。又如学习钠的氧化物的化学性质，它只在"知识支持点"模块进行介绍，教师在授课过程中可根据学生的具体情况有选择地讲解。再如在习题中把 Na_2O_2 与 H_2O 反应、Na_2O_2 与 CO_2 反应的知识点放在"动手实践"模块，这有利于教师在教学中根据学校实验条件和学生水平进行灵活处理。新教材首次把重要的名词用英文标出，这为学生以后阅读英文文献提供了一定的帮助，体现了与国际接轨的方向。新教材的内容，有明确要求教师应怎么教，学生应怎么学，明确了教学方法和学习方法，有利于师生之间的有效互动。这些都是"和谐高效思维对话"型化学课堂教学的具体体现。

第二节　高效化学课堂构建的基本内涵

"和谐高效思维对话"型课堂建立在民主、平等的基础上，教师、学生、教材和环境之间是一种和谐、共振的关系。在学习过程中，学生的思考是积极的，行为是主动的，思维品质是最优化的，教学目标的达成度是最高的。

一、化学课堂的学科教学观

观念是行动的灵魂，教学观念对教学起着指导和统率的作用；一切先进的教学改革都是从新的教学观念中引发出来的，一切教学改革的困难都来自旧的教学观念的束缚，一切教学改革的尝试都是新旧教学观念斗争的结果。确立新的教学观念，是教学改革的首要任务。教学观念不转变，教学改革无从谈起；教学观念一转变，许多困难迎刃而解。"和谐高效思维对话"型课堂教学，要求我们首先确立起与新课程相适应的体现素质教育精神的教学观念。传统教学是一种以知识为本位的教学，知识是第一位的；现代教学以人为本位，旨在促进人的发展。新课程把发展的内涵界定为知识与技能、过程与方法和情感态度与价值观三方面（三维目标）的整合。其中，"知识与技能"强调的是学科的基本知识与基本技能；"过程与方法"强调的是了解和体验问题探究的过程和方法，并初步掌握发现问题、思考问题和解决问题的基本方法，真正学会学习；而"情感态度与价值观"则关注的是"形成积极的学习态度、健康向上的人生态度，具有科学精神和正确的世界观、人生观、价值观，成为有责任感和使命感的社会公民等"。在具体的教学过程中，新课程的三维目标必须是融为一体、不可分割的。

（一）化学教学的结构观

1. 从事实为本的教学到观念为本的教学

学生是通过化学学习记住大量的化学知识，还是通过知识的学习建立起对化学的正确认识并培养分析和解决实际问题的能力，这是高中化学教学必须解决的问题。随着化学新课程的实施，高中化学教学正由"事实为本"向"观念为本"转变，即化学教学必须超越传授具体知识的层面，从传授事实、掌握知识转变为使用事实、发展观念（所谓观念，是指客观事物在头脑中留下的概括印象）。

（1）化学基本观念。

化学基本观念是一个与化学核心知识密切联系的概念，是对化学科学的本质、特征、价值的基本认识。"和谐高效思维对话"型课堂要求教师必须挖掘和提炼化学的基本观念，并进行以观念为本的"教"与"学"。要注重提升学生的思维能力，而不是仅使学生掌握更多的事实内容，具体事实应该作为工具来帮助学生发展深层理解力；学习重心应该从记忆事实转移到理解可迁移的核心观念和对更为根本的知识结构进行深层理解，培养和发展思维能力。在高中化学课程中要形成的基本观念主要包含：物质观、微粒观、元素观、物质变化观、化学反应与能量观、分类观、化学的社会观和价值观。它具有以下特点：①它不是具体的化学基础知识，而是化学知识的核心和精髓，是通过具体知识和原理反复提炼形成的；②许多具体的化学问题能在化学基本观念的框架下得到解决；③化学基本观念能引领学生从化学视角看待物质世界，形成独特的化学思维方式；④化学基本观念需要在不断修改中得到完善、提升，且随着认识事物的增多和认知水平的不断提高会逐渐丰富和透彻，进而会转化为信念与智慧，从而在根本上提高受教育者的素质，这是素质教育的最终目标。化学基本观念具有认知性、体验性。如果只是让学生把观念的内容和观点背下来就是将观念教学机械化了，观念需要感悟、内化为自己的想法，它是知识背后的思想和灵魂，需要在实践中反复提炼、应用而逐步形成。如果设计了多种形式的活动，但在活动之后不能沉淀出一些观点，那就是将观念教学空洞化。在实际教学中我们都应努力做到高观点、大视野、多角度，通过精心设计让"事实为本"的教学真正转变为"观念为本"的教学，并使"观念为本"的教学更有实效。

第一，元素观。物质都是由元素组成的，化学元素观的构建有利于中学生对物质世界形成有序的认识，有利于中学生形成化学的思维方法。化学元素观构建的基本策略是：在元素概念的基础上形成物质的基本分类，在原子结构认识的基础上理解元素是如何形成物质的；在元素周期律学习的基础上形成元素性质研究的基本模型；在专题性学习中构建化学元素观；在元素观指导下的应用性学习中丰富元素观；利用概念图技术帮助化学元素观的构建。

第二，微粒观。化学是在原子、分子水平上研究物质的组成、结构、性质及其应用的一门基础自然科学，其特征是研究分子和创造分子。分子、原子、离子、电子等微观粒子，是化学最基本的研究对象，这些粒子的结合、重组，是构成物质及物质变化和能量变化的根本原因。微粒观是高中化学的核心观念，是构建学科图景的重要基础。高中化学微粒观的教育有着极其重要的价值。微粒观是认识宏观世界的本源，是探求物质变化和能量变化的本质，它能使学生把握宏观现象的规律和实质，可以培养学生对微观结构的想象能力。高中化学微粒观的教学策略就是要呈现事实、发现规律、构建观念，同时要通过实物模型、图式的观察和分析，强化微粒的空间认知观。

第三，分类观。化学是研究物质的，物质分类观是高中化学的核心观念之一，它处于研究物质性质的首要位置。认识物质的分类方法，根据物质的性质对物质进行分类，建立同类物质性质相似的观念，学会不同类物质间的转化方法，掌握研究物质性质的一般方法和程序，在实际应用情境中感受物质分类的核心思想是构建分类观的重要手段。物质的分类不仅是让学生掌握分类方法，更重要的是让学生建立"分类观"，会利用分类的思想去学习研究物质的性质。新课程教材不再以"物质结构、元素周期律"为主线，不再分"律前元素"和"律后元素"，不再"按照族来学习元素"，而是关注同一元素不同物质间的转化，以物质分类的观点，把物质分为单质、氧化物、酸碱盐，电解质、非电解质，氧化剂、还原剂，溶液、浊液、胶体，就是要求学生在学习过程中根据物质的类别，推测该物质可能具有的性质。从氧化还原角度，分析哪些物质属于氧化剂，具有氧化性，哪些物质属于还原剂，具有还原性；从反应的角度，关注有没有价态的变化，有没有电子的转移，在溶液中的反应有没有以离子的形式来相互结合等。这些都是新课程教材体系中分类观的具体体现。

第四，转化观。化学是研究物质变化的科学，化学转化观的构建是学好化学的重要基础。在化学中，转化观不仅表述了质量守恒，还表述了能量守恒。气体到液体、固体之间的转化；无机物之间的转化，无机物向有机物的转化，有机物之间的转化；自然界中的转化，实验室中的转化；生产生活中的转化；相同价态之间的转化，不同价态之间的氧化还原转化等。从反应方向到反应限度，从反应机理到反应速率，从反应条件的优化到反应的能量变化，无不体现着化学中的转化观。转化观为形成和提高学生的化学素养起着无可替代的作用。

（2）高观点、大视野、多角度。

课程标准规定了化学必修模块必须在义务教育的基础上进一步提高学生未来发展所需要的与化学相关的科学素养，促进学生在知识与技能、过程与方法、情感态度与价值观等方面得到全面发展，同时也必须为学生学习其他化学选修课程模块和相关学科课程提供必要的基础。这就要求必修模块的教学设计取向必须是多元的，而不能只强调化学学科知识的基础。新课程下的教材采取学科中心、认知过程中心、社会生活问题中心相融合的多元课程设计取向，决定了教师在选择和组织教学内容时，必须围绕三个维度的课程目标，确立三条基本的内容线索：化学学科的基本知识和基本技能；科学探究和化学学科的思想观念、研究方法和学习策略；反映化学与社会、环境、个人生活实际以及其他科学和技术的广泛联系、相互作用和影响的具有 STS 教育价值的内容主题和学习素材。对教学内容的处理，要注重整体、联系和观念；要淡化细节、繁杂和僵化，要展示化学学科的宽阔视野和当代化学发展的趋势；要把化学知识整合在自然界中的存在、工业生产和环境保护的大视野中，注重从"生活走进化学，从化学走向社会""从自然走进化学，从化学走向应用"。对概念原理性的内容，要注重对核心观念和概念原理的认识建构；重视挖掘和体现概念的认识功能和方法功能；要从多种角度认识核心概念。对教学方法要利用丰富多样、功能强大的栏目改变传统的单一线性模式，支持建构性、结构性和整合性的多样化教学方式和学习方式。教学过程中要采取多样化的评价方式，要将定性评价与定量评价有机结合，对学生的基本素质评价以质的评价为主，通过观察、记录和分析学生在各项学习活动中的行为表现，对学生的参与意识、合作精神、实践能力、探究能力、分析和解决问题的能力进行评价；在适当的时候插入量的评价，充实、佐证评价内容。

2. 搭建合理的知识内容组块

以科学主题为价值取向，突出知识核心的内在联系。在化学学习过程中，通过对知识的精细加工，加深理解，达到扩大记忆容量与提高记忆质量、提高学习效率与减轻负担的效果，是一个非常重要而现实的问题。而根据知识点之间的逻辑与非逻辑关系，构建知识组块与知识网络，正是对化学知识精细加工的有效途径。为了教给学生构建化学知识组块与化学知识网络的策略，有必要探讨在化学知识之间建立联系的方法。化学知识之间联系的建立有两种渠道：一种是通过科学思维把握客观的逻辑联系；另一种是通过联想建立主观的非逻辑联系。构建化学知识组块与网络是对化学知识的一种精加工，因此，前提条件是应当对知识有基本的理解，即要懂得文字含义、弄清概念的内涵与外延、明白结论的由来与适用范围，等等，在此基础上根据知识之间的逻辑关系对知识进行新的排列组合，达到知识精练化、条理化、网络化，同时应当通过精练的文字辅以图、表写成笔记，以此收到加深理解、巩固记忆的效果。教师头脑中要有 3 个阶段的知识，建立整体的、立体的、网络化的中学化学知识体系：理解必修阶段和选修阶段内容的螺旋式编排，合理安排同一主题教学内容在不同阶段的教学目标，明确同一主题教学内容不同阶段的功能和价值；在教学中不一竿子插到底，合理把握教学的深广度，不超纲，不越位。在社会背景中组织物质性质相关内容的教学时，注重概念原理知识的价值功能和指导作用，将过程与方法、情感态度与价值观内容融于具体的化学知识学习过程中。

3. 知识结构功能化

高中化学知识有现象有本质，有结构有功能，有过程有结果，有实验有理论，有内因有外因……知识零碎，学生不易理解、掌握和运用。但任何知识都不是孤立的，其自身都有一定的结构，并处于一定的体系之中，因而对知识结构和体系的学习，既有助于知识本身的深入理解，也有助于利用这些知识去理解新知识。因此，教师在教学过程中要善于将化学知识结构化，构建化学知识体系，学生掌握了知识结构，形成了知识体系就比较容易理解知识，并可以按知识的内在联系去思维、推理，掌握知识，发展能力，形成化学理念。高中化学每个模块的知识结构都具有各自鲜明的风格和独特的功能，必须明确哪些模块是为了进一步提升全体高中生基本的化学科学素养；哪些模块侧重了解与人类生活密切相关的化学知识，从而使学生不仅懂生活，而且会生活；不仅理解生活，而且能更科学地生活；哪些模块侧重使学生了解化学对社会发展和工农业生产的重要作用，从而更深刻地体会化学知识是如何被应用到实际生产中的；哪些模块侧重对化学科学问题的本质的理解，促进科学有效的学习和培养学生的高级思维能力；等等。此外，还要注意每一个模块与其他模块之间的功能关系。

（二）化学教学的建构观

传统教学观念把知识看成定论，把学习看成知识从外到内的输入，往往低估了学习者的认知能力、知识经验及其差异性，并在教学中表现出过于简单化的倾向。这些教学观念上的偏颇导致了许多消极的后果，因此更新传统教学观念，促成"和谐高效思维对话"型的教学成为当代教学改革关注的核心问题。建构主义学习体现了 3 个重心转移，即从关注外部输入到关注内部生成，从"个体户"式学习到"社会化"的学习，从"去情境"的学习到情境化的学习。强调学习的建构性、社会性和情境性，重视将裸露的知识予以包装，这对更新传统教学观念、实现"和谐高效思维对话"型的教学具有重要意义。

传统教学对学习基本持"去情境"的观点，认为知识一旦从具体情境中抽象出来，成为概括性的知识，它就具有了与情境的一致性，反映了具体情境的"本质"。因此，对这些概括性知识的学习可以独立于现场情境而进行，而学习的结果可以自然地迁移到各种真实情境中。然而，情境总是具体的、千变万化的，各种具体情境之间并没有完全普适的法则。因此，抽象概念、规则的学习往往无法灵活地适应具体情境的变化，学习者常常难以用学校获得的知识解决现实生活中的真实问题，因此，"和谐高效思维对话"型课堂教学，需要"去情境的知识情境化"。情境性学习的观点突出体现了学校教育与现实生活之间的沟通问题，即学校与社会之间存在的不只是空间上的距离，更重要的是教育内容、教育过程等与真实生活之间的割裂。我们的教学要从生活到化学，从化学到社会，从自然界到实验室，从实验室到实际应用，将化学知识置于真实的情境中，强调化学在生产、生活和社会可持续发展中的重大作用，培养学生学以致用的意识和能力，养成学生关心社会和生活实际的积极态度，增强学生的社会责任感，发展学生的创新精神和实践能力；有利于学生从更加开阔的视野、更加综合的视角，更加深刻地理解科学的价值、科学的局限和科学与社会、技术的相互关系。这对学生认识和理解化学科学具有重要意义，对发展学生分析和解决实际问题的能力也是必需的。此外，还要将知识技能、过程方法、STS 三条内容线索拧成一股绳，融为一体。化学知识和技能既"溶解"于实际中，解释着人类生产、生活以及自然界中的各种化学现象，回答着各种现实的化学问题；又从丰富的实际中"结晶"出来，形成一个个明确的、具体的知识点、技能点和能力发展点，构建着学生科学的知识体系、技能体系和能力体系。

（三）化学教学的整合观

1. 从单课时教学设计到单元教学设计

（1）课时教学设计。

课时教学设计是以课时为单位所进行的教学设计，在各层次教学设计中，从教学内容的角度来看，它是最具体、最细致、最深入的一项教师日常工作，其主要内容包括：确定本课时的教学目标；构思本课时的教学过程、教学策略和方法；选择和设计教学媒体；准备课时教学评价和调控方案，在上述工作的基础上编制课时教学方案，简称"教案"（又称课时教学计划）。

（2）单元教学设计。

单元（课题）教学设计是对一个内容单元（课题）教学工作进行的局部规划，以课程教学总体设计和学段（或学期、学年）教学工作设计为依据，在比较分析教学内容和主体状态的基础上，对一单元（课题）教学活动的系统设计。单元（课题）教学设计工作的主要内容是：确定单元（课题）的教学任务、教学目标；确定单元（课题）的具体教学内容；确定单元（课题）教学的结构、策略和方法系统，包括怎样把握单元（课题）内容的内在和外在联系，怎样落实重点、难点内容的教学，划分各课时的教学内容，确定师生在教学中的活动方式；确定单元（课题）的教学评价方案；在上述工作的基础上编制单元（课题）教学工作的计划。

单课时教学设计往往就课论课，一方面缺少了整体上的把握；另一方面对各种教学要素的选择和应用缺乏回旋余地和灵活性。单元教学设计是系统教学设计，是对一个单元的总体把握。化学新课程提出的知识与技能、过程与方法、情感态度与价值观三维课程目标是一个相互联系、相互渗透的整体，是学生在学习活动中实现科学素养提升的多个侧面。从一般意义上说，教师的每一堂课都应当体现知识与技能、过程与方法、情感态度与价值观三维目标，因为这些目标是难以分割地融合于一体的。但是，就一堂具体的课堂教学而言，又有一个更需要突出什么目标的问题。有的课程内容宜通过"亲历过程"获得方法的启示，就可以突出"过程与方法"目标；有的课程内容蕴含丰富的思想道德因素，就可以着重进行"情感态度与价值观"的教育。那种将三维目标不加分析机械地套用在每一堂课上的做法并不妥当。在实际教学中，要全面关注三维目标并将它们整合于统一的教学过程中；落实三维目标的基本单位不应当是一节课，而应该是一个单元。

2. 从单一教学方式到多样化教学方式

在传统的教学中，往往认为学习就是在教师的指导下有目的、有计划、有组织地掌握和吸收人类优秀文化知识的一种认识活动，教师的任务就是传道、授业、解惑，这一学习观有其合理的一面，但由于教学实践中理解的偏差，逐渐形成了灌输、填鸭式、枯燥单一的教学方式和死记硬背的学习方式，从而导致学生缺乏个性，只会依葫芦画瓢。"和谐高效思维对话"型教学是师生之间、生生之间交往互动和共同发展的过程，它具有很强的实践性，即强调活动、操作及直接经验，与传统教学中强调间接知识学习截然不同。实践出真知，没有实践就不可能有创新，真正的学问是在不断的实践中体会、内化，进而形成的一种能灵活运用的个性化智慧。否则，一切只能是纸上谈兵，不会产生真正的力量。因此，教学中应紧密联系学生的生活实际，从学生的生活经验和已有的知识出发，引导学生在大量的化学教学活动中观察、操作、猜想、推理、交流，使之掌握基本的化学知识、化学思想和化学方法，教师是学生学习活动的组织者、引导者与合作者。每一个学生的发言都是智慧的火花，都有其可贵的一面，对学生的创见要充分鼓励，对学生的意见要尊重理解，对学生的误解要宽容引导。尊重每一个学生的发言，建立民主、安全、愉悦的课堂，更重要的是在教师与学生交流时，要置学生于平等的地位，避免居高临下的发问甚至责问，消除学生在交流中的畏惧紧张心理，让学生愿意同你倾心交谈，这样才能使学生主动言说，才能实现对话，才能唤醒学生的主体意识。

教师的教学方式和教学艺术是影响课堂教学有效性的主要原因，要实施"和谐高效思维对话"型课堂教学，必须改进传统单一的教学方式，对已有的课堂教学方式要去粗取精、优化交融。不同的教学内容，不同的教学重点、难点，适合的教学模式也将有所不同，但课堂教学中多种教学模式恰当的应用可以调动学生的学习积极性，激发学生的学习热情。课程改革呼唤教学方式的多样化，学生喜欢教师采用多种教学方式进行教学，教学中要充分利用学生的多种感官，使学生获得不同的体验，从而促进学生全面发展。从单一教学方式到多样化教学方式，取决于教师教学观的转变，因为有了这一转变，学生的学习不再枯燥乏味，而教师也做到了寓教于乐，将教学过程设计成一个探索过程，而不仅是一个知识传递的过程，当学生们在攀登了一个个台阶后，发现自己的收获不仅局限于知识的结果，还在于追求结果的过程中。

此外，化学的整合观还包括从教学内容的线性排列到多条内容线索融合组织，从单一使用教学素材到发挥多重教育教学功能等。

二、和谐高效的教学内涵

"和谐"是事物的最佳状态，昭示着关系的融洽，它能产生美，更能产生最佳效益。创造和谐课堂，意味着倡导学生主动求知，创设开放、和谐的课堂教学氛围，优化课堂教学，实现教学目标——真实性、科学性、艺术性、发展性的高效和学习目标——学习状态、情感体验、学习效果、参与程度的高效。

（一）和谐的内涵

苏联教育理论家苏霍姆林斯基曾主张在教学中进行和谐教育。和谐教育就是把学生的学习和精神状态很好地配合起来，使之得到均衡发展。学生只有在精神世界充实起来之后，他们的学习才有方向和动力，才能在学习的道路上不畏艰险，奋勇向前。而和谐教育主要是以课堂教学来贯彻的，因此我们要努力营造和谐课堂。和谐课堂是以教室为载体，以"体验与创造、内和外顺、共同进步、生态发展"为主要特征。课堂教学各要素要全面、协调、自由、充分发展、良性互动和整体优化，以实现学生健康和谐发展。随着"构建和谐社会"口号的响亮喊出，构建和谐社会的观念已经深入人心，作为构建和谐社会的有机组成部分，校园的和谐发展也成为广大教育者热切关注的焦点。和谐课堂是校园和谐发展的重中之重，和谐课堂的内涵也是不断发展和变化的，但其焦点是课程内容与三维目标的和谐，关键是师生之间的和谐。课程内容与三维目标和谐了，学生才能得到全面发展；师生关系和谐了，"教"与"学"的过程才能和谐，教学目标才能更好地实现。

1. 师生关系间的和谐，是完成教学任务的前提

师生人际关系就是在教师与学生之间的沟通、接触等相互作用中形成并在这种过程中遵循的关系。它具有直接性、交互性、情感性等特点。师生人际关系的和谐之所以重要是因为它是教师教的活动与学生学的活动发生的前提，是制约教学效果的一个至关重要的因素，它对学生的人格发展起着重要的制约作用，它是师生进行交往活动从而满足情感需要的一个前提，还是影响学校风气的一个重要因素。

2. 认知与情感关系间的和谐，是关注学生的心理健康，促进学生健康情感、良好人格特征形成的保证

认知与情感是人的心理活动的两个方面，它们之间关系的和谐之所以重要是因为教学是一个认知的过程，这主要表现在：教学过程受各种认知因素的影响；在教学过程中，教师与学生进行着各种认知活动；教学过程产生各种认知的结果。教学同时也是一个情感的过程，这主要表现在：教学过程受各种情感因素的影响；在教学过程中，教师与学生都进行着各种情感活动。

（1）认知与情感构成一个整体。

个体的任何一种行为都既有认知的成分，也有情感的成分，认知与情感是密不可分、相互伴随、相互渗透的：认知中有情感的成分，情感中有认知的成分。

（2）认知与情感存在多方面的相互作用。

第一，认知对情感具有重要作用。首先，认知是引起情感产生的主导性因素；其次，认知发展是促进情感发展的重要因素。

第二，情感对认知起着十分重要的作用。情感是认知活动的动力系统，是认知活动的组织者，对认知活动起着动力和组织的作用，决定趋近或逃避情境的趋向以及人们在不同区域愿意付出的认知努力程度。

3. 接受学习与发现学习间的和谐，是学生综合素养得以提高和发展的核心

所谓接受学习，是指人类个体经验的获得来源于学习活动中主体对他人经验的接受，把别人发现的经验经过掌握、占有或吸收，转化成自己的经验。所谓发现学习，就是通过学习者的独立学习、独立思考，自行发现知识，掌握原理原则。发现，并不局限于寻求人

类尚未知晓的事物。接受学习区别于发现学习之处，在于这种学习中，主体所得到的经验是来自经验传递系统中他人对此经验的传授，并非来自他自己的发现与创造。低级的接受学习主要表现为呆读死记、"一知半解""半通不通"。高级的接受学习则表现为"举一反三""触类旁通""精通"或"融会贯通"，等等，也就接近于发现学习。因此，不能笼统地认为接受学习都是低级的。

教学总是通过一定的方法进行的，而教学方法的基础是学生的学习方法。在学生的学习方法上，历来有许多主张和做法，但所有的主张和做法大体上可以划分为接受学习和发现学习两大类型。所以从教学方法的维度看，教学的一个基本问题是接受学习与发现学习，以及它们之间的关系。因此，接受学习与发现学习间的和谐是教学中重要的和谐。

（二）高效的内涵

高效课堂是针对课堂教学的无效性、低效性而言的。课堂教学高效性是指在常态的课堂教学活动中，通过教师的引领和全体学生主动而积极的思维过程，在单位时间内高效率、高质量地完成教学任务，促进学生获得高效发展。高效发展就其内涵而言，是指知识与技能、过程与方法、情感态度与价值观三维目标的协调发展。就其外延而言涵盖高效的课前准备、教学实施、教学评价。一般来说，高效课堂效益评价的主要标准是，学生思维活跃、语言表达正确、流利、有感情，课堂充满激情，目标达成且正确率在95%以上；前提是看学生是否愿意学、会不会学，核心是目标达成。要使课堂教学真正达到高效，必须抓好3个落实：一是教学每个环节的目标、内容、任务具体清晰，时间要求明确；二是每个训练题目的作答完成情况及时反馈，每个题目的特点、注意点和要害强调清楚；三是面向全体学生，特别注意把不会的学生教会。

教学效率是指师生付出时间与实际教学效果间的比值。时间、结果和体验是课堂教学高效的3个基本要素。学习时间指学习特定内容所花费的时间，在保证学习质量的前提下，学习特定内容所花费的时间越少，效率就越高。学习结果指学生经过学习产生的变化、获得的进步和取得的成绩，这是高效性的核心指标。每节课都应该让学生有实实在在的收获，它表现为从不懂到懂，从少知到多知，从不会到会，从不能到能的变化上。学习结果不仅表现在双基上，而且表现在智能上，特别是学习方法的掌握以及思维方式的发展。学习体验指的是师生在课堂教学中的感受，即伴随着教与学活动生发的心理体验。教学过程不仅是知识有效传递的过程，更应该是师生共同体验、分享愉悦情感的过程，这是高效性的灵魂。因此，课堂教学高效体现为：目标达成用时少、单位时间效率高、师生主观体验积极主动。这三个指标具有内在的统一性，是相互关联、相互制约的。学习时间是前提，投入一定的时间并提高学习效率，是增加学习结果和强化（积极）学习体验的基础；学习结果是关键，学生的学业进步和学力提升不仅能促进学习效率的提高，也能增进学生学习的积极体验；学习体验是灵魂，积极的体验和态度会促使学生乐于学习，并提高学习的效率和结果。实际上，学习体验本身也是重要的学习结果。总之，考量学生学习的高效性必须综合考虑这三个要素：提高学习效率、增进学习结果、强化学习体验。

一直以来，我们始终都在关注课堂教学的效率、效果和效益问题。我们时常思考：通过一段时间的学习，学生学到了什么？在学生获得知识和技能的同时，教师的教学还为学生短期和长期的学习与发展带来了什么？等等。高效课堂教学理念的提出，切中了这些问题的根本和要害。课堂教学的高效问题既应该指向当前，也应该指向长远。正如余文森教授所谈的，"有效地教"指的是促进学生"学"的"教"。它表现在两个方面：一是直接地促进，即通过教师的教，学生学得更多、更快、更好、更深；二是间接地促进，即通过教师的教，学生学会了学习，掌握了学习方法，提升了学习能力，达到了不需要教。直接促进是立竿见影的，间接地促进是着眼于长远的。教学的长效是极易被我们忽略的，却又是评价课堂教学的极其深刻的方面。与有效的教相对应的是阻碍学生"学"的"教"，它也有两种表现：一是显性的，教师不得要领、冷漠无情、枯燥乏味地教，使学生失去"学"的兴趣和热情；二是隐性的，教师照本宣科地讲授学生自己通过阅读便能看懂的知识，这种教剥夺了学生独立学习的机会，从而阻碍学生学习能力的发展和学习积极性的提升。

在课堂教学中，和谐、思维对话、高效三者之间的关系是：和谐既是前提也是结果，即和谐既是实现课堂教学思维对话和高效的保障，又是课堂教学要达到的理想状态；思维对话既是实现课堂和谐高效的主要途径，又是我们看重的课堂教学形态；高效是在和谐教学关系的前提下，依托有思维含量的对话与交流必然要达到的理想的课堂教学状态，即结果。因此，"和谐高效思维对话"型课堂是指课堂教学的全过程在和谐、思维对话的状态下，教与学的高效益。其本质是，在重视教学过程中各教学要素和谐，在强调师生思维碰撞的前提下，最大限度地提高学科的课堂教学效率，积极优化学生的思维品质，培养学生的创新精神和实践能力。简言之，"和谐高效思维对话"型课堂是在和谐教学关系的前提下，依托有思维含量的对话与交流来确保课堂教学高效率和高效益的一种理想形态。

高效的课堂教学，要求我们必须从根本上解决在实施过程中存在的很多形式主义的东西，如教师把要求的师生思维对话作为一般的问答，课堂上一问一答表面上很活跃，实质上是利用提问的方式给学生"灌输",有的教师甚至把传统的"满堂灌"变为了"满堂问",如"知不知""是不是""对不对""好不好"之类,没有启发性的问题充斥着课堂,把完整的教学内容肢解得支离破碎,从而大大降低了知识的能力价值。另外,有的教师在课堂教学中为了所谓的和谐,"为夸奖而夸奖",便不管学生表现如何一味地表扬,这样对学生的发展也是不利的,因为过多的夸奖会让学生迷失自我,起不到真正的激励作用;还有的教师在课堂上片面追求小组合作学习这一形式,对小组合作学习的目的、时机以及过程都没有认真设计,不管有无疑问,也不论难易程度如何,甚至一些毫无讨论价值的问题都要在小组里讨论,讨论时间又没有保证,有时学生还没有进入合作学习的状态,教师就要求结束,教师在课堂的小组合作学习中不是引导者而是仲裁者,教师只是按照事先的教学计划和教学设计,使学生进入事先设计好的教学框架,这是典型的应付式、被动式讨论。以上这一切都从不同程度上导致课堂教学的低效甚至无效。

三、思维对话的教学内涵

思维对话是指在课堂教学过程中,教师、学生、文本以及其他学习资源之间的一种精神上的沟通、心灵上的碰撞。它通常是在主体内部、主体之间以及主体与物、环境之间进行的。它既有语言形式的,也有非语言形式的;既有听觉的,也有视觉的;既有知识的,也有精神和价值的;既有生理的,也有心理的;等等。与外部的思维对话能成为思维发生的起点。在这个过程中,师生双方既是言说者又是倾听者,而且这种言说和倾听离不开思维的积极参与,离不开特定的话题,也离不开一定的物理环境和心理环境的支撑。

进行思维对话,最重要的原因是在一个群体中,每个人具有不同的智慧水平、知识结构、思维方式和认知风格,即各有各的特点和优势,通过思维对话人们可以彼此了解、取长补短、分享彼此的观点和经验,从而产生新的知识和智慧,实现群体的共同进步。正基于此,杜威提出了"作为沟通的学习"这一命题。他认为,学习不仅是主体与环境的交互作用,而且是同客体对话、同他人对话、同自身对话的沟通的重叠性交互作用,即学习是基于沟通的。从本质意义上讲,思维对话是生发于课堂生活中的,源发于生命体内部或生命体之间的,基于真实体验而富有理性的智慧流动,是课程所含的各因素支持催发、师生双主体交互融合、动态化理性构建的心理活动过程。

在课堂教学中,思维对话的实践形式包括很多,如教师之间的思维对话,师生与环境之间的思维对话,等等。但我们认为,思维对话最主要的实践形式是师生与文本之间的思维对话、师生之间的思维对话和学生之间的思维对话。

（一）师生与文本之间的思维对话，是教学活动成功的基本因素

要实现师生之间有思维深度和梯度的沟通与交流，师生首先要分别和文本进行思维对话，这样他们之间的思维对话才会有的放矢。

1. 教师与文本之间的思维对话

教师与文本的思维对话，是指教学过程中教师以其原有的知识和经验为前提对文本的理解。它的任务是把文本介绍给学生，促使学生直接对文本、文本的作者进行思维对话。教师与文本的思维对话的关注点应放在三个方面：与化学课程标准思维对话；与化学教材思维对话；与其他课程素材思维对话。

2. 学生与文本之间的思维对话

学生与文本的思维对话，是指学生对文本的阅读与理解。在学生与文本的思维对话中，知识和文本的意义得以展示和把握，学生就是在这种思维对话的相互作用中获得和享受着教育。学生与文本思维对话的过程，实际上就是学生用自己已有的知识、经验和情感去体验和构建文本意义的过程。一方面，学生依靠自身的知识背景、文化素养和人生体验等先前的知识和独特的思维方式构建和生成带有自己个性色彩的新的文本意义；另一方面，被利用的先前的知识也不再是从记忆中被原封不动地提取，而是根据具体事例进行改造和重组，学生的认知也因此不断丰富和完善。

（二）师生之间的思维对话，是教学活动成功的重要因素

要使信息在拥有者和需要者之间产生"自然流动"，促进多种观点的传播和碰撞，为实质性的思维对话提供有意义的话题，必须进行师生之间的思维对话。师生之间的思维对话是师生在个体经验及其与文本思维对话的基础上进行的合作性、建设性的意义生成过程。这是化学教学中最常见的思维对话形式，教师与学生之间的思维对话主要是指师生之间蕴含着教育性的相互倾听和言说。在思维对话中，教师不再仅仅是授业者，教师本身也得到教益，学生在被教的同时反过来也在促使教师进步，他们在合作中共同成长。

教师与学生之间的思维对话不能仅停留在表面的一问一答的形式上，心灵或精神的沟通才是教师与学生之间的思维对话的根本。从本质上说，教师与学生之间的思维对话在于二者心灵的相互沟通，是双方精神的敞开和接纳。它不仅表现为提问和回答，还表现为交流与探讨、言说与倾听、欣赏与评价等。

（三）学生之间的思维对话，是教学活动成功不可或缺的因素

学生之间的思维对话，是指学生之间就某一共同话题所展开的讨论与交流，在教学过程中，学生之间的思维对话往往表现为一种学生之间的合作探究关系，包括一对一、一对多和多对多等方式。学生之间的思维对话通常以小组合作为主要形式，在这个过程中，学生还需要与自我对话，主要包括：我真正理解课程内容了吗？在这个问题上为什么我和他们的看法不同？我的观点有哪些需要进一步修正？我该用何种方法去探究？等等。正是在这样持续地与同学对话和自我反思中，学生积极地建构着自我，使自我不断走向完善、走向深刻。

值得一提的是，以上思维对话的课堂实践形式并不是界限分明、完全割裂的，而是你中有我，我中有你。如师生之间的思维对话总是借助于师生与文本之间的思维对话，而师生与文本之间的思维对话又离不开师生之间思维对话的引导，等等。它们之间密切联系，相互影响，共同构成了错综复杂的思维对话课堂教学实践形态。

第三节 高效化学课堂教学理念与模式

"和谐高效思维对话"型课堂建立在民主、平等的基础上，教师、学生、教材和环境之间是一种和谐、共振的关系。它既继承我国传统教学精华，又努力消除其中部分不合理因素，全面体现新课程的教学理念，其本质是追求教学过程中各要素的协调、和谐，强调师生通过心灵的对接、意见的沟通、思维的碰撞，实现学生高效学习、自主发展。在价值追求上，和谐高效课堂以学生的发展为本，追求学生的全面、主动、高效、和谐的发展；丰富课堂教学活动的内容，落实学生活动的主体性，培养学生的创新精神和创造能力。

一、打造"思维对话"型化学课堂的实践平台

课堂教学是学生个体知、情、意多向交流的过程，是师生互动的过程，是真、善、美和谐统一的过程，要实现新课程、新标准，真正构建"思维对话"型化学课堂，必须协调学生之间的关系。新的课堂教学理念要求学生之间的关系应体现平等、互助、合作、竞争，其中最重要的就是合作，这就要求教师重新审视自己的教学，重点关注学生之间的互助与合作。教师可通过组织各种活动，如小组合作讨论探究、合作实验演示、合作发明创

造等，通过同学之间的合作与交流，做到取长补短，让学生感受合作的重要性，培养他们的合作能力。另外要努力创设融洽的情感气氛，营造和谐课堂氛围。高尔基说过："谁爱孩子，孩子就爱他，只有爱孩子的人，他才可以教育孩子。"情感是教学的催化剂，爱是教育的原动力。在课堂上，教师真诚的笑容，信任的眼神，鼓励的话语，都会从心灵深处感染学生，激发学生学习的欲望。课堂教学中，教师应注意不断激励学生学习知识和深入探究的兴趣，并对学生的课堂表现和回答给予积极肯定或鼓励，让学生在课堂上始终保持轻松愉悦的心态。因此，构建"思维对话"型化学课堂，必须对传统课堂进行两项重要改革：一是教育思想和教育理念必须冲破"三个中心"，实现"三个超越"；二是教学过程和教学方法必须完成"两个转变"。

1. 冲破"三个中心"，实现"三个超越"

以教师为中心还是以学生为中心，以学科为本位还是以学生发展为本位，这不是一种简单的思考角度问题，而是两种不同的教育观的体现。"思维对话"型化学课堂，强调学生的学习是一种"内在的需求"，强调学习是学生参与体验的过程，是生理和心理、认知和情感、思想和行为等方面错综复杂的运动。冲破"三个中心"，就是冲破传统的以课堂为中心、以教材为中心和以教师为中心。

实现"三个超越"，就是超越教材、超越课堂、超越教师，精髓是不唯上、不唯本、不唯师，意在解除传统课堂对学生的制约和束缚，让学生能从学校教育教学中找到自我，发展个性。

超越教材，其目的是用教材教，而不是教教材。新课程一纲多本，我们教学的依据必须是课程标准，教材只是我们教学的辅助载体和帮手，不能过度依赖教材，应该让学生高观点、大视野、多角度地认识科学，多角度、广渠道、全方位地从书中汲取文化知识，从而获得情感体验、生活经验等。

超越课堂，要让学生懂得：课堂小天地，天地大课堂。课堂教学应该是多样化的融合，不仅是教学形式、教学方法的多样化，教学场景也需多样化。除了用书本、多媒体等给学生呈现知识外，大自然本身就是一本读不完的教材。实景、实事、实例的教学也是帮助学生发现知识、掌握解决问题的能力和方法必不可少的手段。

超越教师，从教师的角度讲，实际上是教师的一种自我超越，是富有时代魅力的精神境界的行为表现；从学生的角度讲，是让学生超越教师的搀扶和点化后学会质疑、学会批判。因此，超越教师的理念，首先提醒我们，教师和学生的真正关系应该是教学相长、双方互动。超越教师还意味着明白一种理念：我们面对的学生不是什么都不如自己，事实

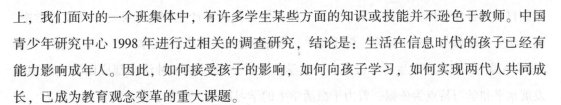

上，我们面对的一个班集体中，有许多学生某些方面的知识或技能并不逊色于教师。中国青少年研究中心 1998 年进行过相关的调查研究，结论是：生活在信息时代的孩子已经有能力影响成年人。因此，如何接受孩子的影响，如何向孩子学习，如何实现两代人共同成长，已成为教育观念变革的重大课题。

超越教材、超越课堂、超越教师的过程就是教师和学生超越习惯，超越传统，超越自我体能的、知识的、智慧的极限，从而实现自我审美和自我创造的过程。

总之，冲破"三个中心"，实现"三个超越"，是为构建"思维对话"型化学课堂架桥开道的。

2. 完成"两个转变"

改革开放 40 多年以来，中国的生产力水平、经济基础，世界的文化环境已经发生了翻天覆地的变化，特别是知识经济、信息技术和终身学习时代的到来，尤其是新课程改革的今天，传统的课堂教学已在一定程度上阻碍了教育的发展。如何把"思维对话"型化学课堂教学真正落到实处，使课堂教学能适应时代的发展步伐，还需完成"两个转变"。

（1）课堂教学中的规范化备课向弹性化备课的转变。

备课一直是教学的常规活动，传统的备课每个步骤、每个环节、时间的安排，以及重点、难点的把握，都是相当紧凑的。这样产生的教案用在课堂上是程序化的，课堂的一切活动都是计划好的，学生往往是配角，学生的活动是为教师完成教学任务服务的。这样的教学，教师把自己封闭了，更把学生封闭了，甚至是僵化了。因此，构建"思维对话"型化学课堂，改革课堂教学，首先要把备课从规范化中拯救出来，实现规范化向弹性化的转变，要求教师加强课前教学设计的研究力度，使教师在设计中就有"结构"立意和形成"弹性化"方案，思考师生活动的合理配置与目标，用新的设计去支撑新教学过程的构建；要求教师对自己设计的方案、思路、目标、过程在课前就娴熟于心。教师在备课时不仅要把学生看作"对象""主体"，还要看作教学"资源"的重要构成者和生成者，有了这种"活资源"的意识，教师才不会把自己的注意力仅仅放在教材、教参和教案上，而是放在努力研究学生上，才会在备课时考虑把学生当成课堂教学的共同创造者。

（2）教学方式由以讲为主转变为以自主合作探究为主，把课堂还给学生，让课堂焕发出时代的生命气息。

自主、合作、探究是新课程积极倡导的学习方式。自主学习让学生在多元的理解中实现其个体价值，发展其主体性。合作学习培养学生合作的精神、团队的意识和集体的观念，这正是和谐社会所需的基本意识。探究是学习者应具有的基本意识。在教学中，若能做到自主、合作、探究三管齐下、三位一体，便能使教学产生和谐共振。在课堂教学中，倡导学生主动参与、乐于探究、勤于动手，根据学生接受知识的规律，变"单一思维"为"多向拓展"，力求使学生易学、会学、乐学。设计"教"的各种活动都应以学生的现实发展水平和学习特点为依据，着力于激活学生的学习欲望，培养学生自我发展的能力、搜集和处理信息的能力、获取新知识的能力、分析和解决问题的能力以及交流合作的能力。要让学生的学习构建在自主活动的基础上，倡导合作探究的教学方式，教师在课堂上努力为每个学生主动参与教学活动提供可能，让学生的内在能量释放出来，让他们在课堂上"活"起来，从原来的静听模式中走出来。要把课堂还给学生，就是还学生以时间，让学生主动学习、合作学习；还学生以时间，提倡课堂教学多元化，达到"多向互动"。

二、彰显"思维对话"型化学课堂的人本精神

以前的化学课堂上，教师的任务就是把书中的知识尽快地、尽可能多地教给学生，"灌输与传授"便成了最有效的途径。这种教学方式，决定了教师在学生面前居高临下，成了课堂的主宰者，在教材面前俯首帖耳，成了教学资源的垄断者以及课程的奴隶，学生成了被动接受的容器，教学内容枯燥，教学形式呆板，学生的创造能力和创新意识被无情地扼杀。新课程标准突出了以人为本的教育思想，确立了以学生为主体的地位，要求学生形成自主发展的学习习惯和学习策略。"思维对话"型化学课堂鼓励教师走下讲台，把本应属于学生动手、动脑的时间还给他们，与他们共同探讨、频频交流，引导学生之间、师生之间交往互动，从而形成个体之间、个体与群体之间的交叉联动，实现教师角色的根本转换。这种转换是内化课改教育理念的关键，也是"思维对话"型化学课堂构建的关键，更是面向教育未来的发展性构建的需要。

1. 由课程知识体系的权威灌输者转变为教育学意义上的对话者

由于人持双重态度，因而世界于他呈现为双重世界："我—它"世界、"我—你"世界。在"独白"式教育中，主体是以一种"我—它"关系为前提的。"它"是一种不在场或在场但不相遇，因而"我"总是以一种权威的方式去对待"它"。"我"对于"它"拥有决定权和支配权。"它"只是"我"的经验与利用的对象或是"我"的工具。因而教育中的"独白"实质上是一种权力主义。那么在教育中如何才能使各种关系成为一种对话关系呢？一个前提就是"我—你"关系的确立。"我—你"关系就是一种"我们"的存在，"我们"是平等的，是对权力的一种消解。这种平等是一种相互的"自我实现"，我因实现"我"而接近了你，在实现"我"的过程中，我讲出了"你"。也就是说，一个人是通

过"你"而成为"我"的。教育本身的工作之一就是"使人成为他自己","对话"式教育正具备了这样一种品性。教育中的各种对话都是一种"商讨",是在共同探讨未知的新领域,因为谁也不能保证对话会指向哪儿,但能保证的是以经验为基础。平等、民主是教育陶冶的产物,教育中的对话是对民主精神的一种宣扬,是对民主意识的一种培养。"对话"首先就意味着思维方式的改变,即从对象思维向关系思维的转换。而"思维对话"型化学课堂的构建强调教学过程是师生交往、共同发展、平等对话的互动过程。首先,教师与学生平等对话,让自己与学生站到同一位置、同一角度,进入同一个情境中,与学生进行"亲密接触",营造一种和谐开放的学习氛围,激发学生学习的兴趣,从而使学生全身心地投入学习思考中,进而产生自己个性化的理解。此外,师生双方要不断挖掘、拓展、创新文本课程,以满足更深层次的对话需求。

其次,学生在课堂教学过程中全员参与、全程参与和有效参与,无疑会增强教师的自信心,激励教师不断调整自己的教学行为方式,以适合学生主动参与的情绪状态,由此形成一种良性的教学循环。正如弗莱雷在《被压迫者的教育学》中所说:"通过对话,学生的教师和教师的学生不复存在,代之的是新的术语:教师式学生及学生式教师。教师不再仅仅去教而且也通过对话被教,学生在被教的同时也在教。他们共同对整个成长过程负责。"教师是学生学习的组织者、参与者、合作者、引导者。因此,教师应以"对话人"的身份尊重同样作为"对话人"的学生个体,尊重学生选择适合自己特点的学习方式,自觉放弃传统意义上的知识权威。这里,化学教师要有两种意识:一是民主意识,即以师生完全平等的心态积极地参与教学,创设融洽和谐的课堂氛围,保护学生的主体地位,激发学生对课程价值的创造,教的方式服务于学生的学的方式,使教学真正成为师生富有个性化的创造过程。二是人本意识,学生是学习和发展的主体,教师应把培养学生学习化学知识的兴趣和提高科学素养放在首位,帮助学生确立能够达成的目标,与学生一起分享自己的情感和想法,勇于承认自己的过失和错误,努力发现和挖掘学生的特长和兴趣志向,培养学生的自信心和团队精神,树立牢固的学生意识,一切为了学生的学习,一切为了学生的发展。

2. 由教材的被动使用者变成新课程开发的研究者、理论探索者和塑造者

新课程理念认为,教师和学生是课程的创造者和主体,教学不只是忠实地实施计划和教案的过程,更是课程创新和发展的过程,是课程内容持续生成和转化的过程。和谐高效的化学课堂教学应该面向全体学生,不是选择适合教育的学生,而是选择适合学生的教育。课堂教学过程中,课堂设计要统观全局,有梯度、有层次,在新知的引入、问题的设

计、知识的讲解、习题的指导等方面都要考虑到不同层次的学生，让尖子生能吃得饱，后进生能跟得上，即让尖子生学活，让后进生学会。这就需要教师创造性地对课程进行研究和塑造。其一，教师要适时、适度、适量地对化学教材做出恰如其分的"裁剪"，要根据学生的具体情况和教学需要收集和筛选素材，充实教学内容。其二，教师应突破课堂教学的封闭性，积极开发和利用多种多样的课程资源，主动构建化学知识与日常生活、社会实际的广泛联系，使化学教学能面向生活、面向社会、面向未来。其三，教师应以科学探究为突破口，根据现实生活和社会生产的实际知识设置探究内容，不拘泥于教材所提供的素材或案例，精选富有典型性、代表性和趣味性的案例，给学生主动探究和提高学习效率提供足够的空间和时间保证。

3. 由课程知识体系冷漠的知识传授者变成学生学习情感的支持者和心理保健者

要真正构建"思维对话"型化学课堂，很好地实施新课程、新标准，化学教师必须更新观念，改变传统的"师道尊严"，努力消除师生之间的心灵鸿沟，构建新型的师生关系，既做教师，引导学生，又做学生，与他们教学相长；还要做家长，关爱他们；做朋友，与他们友好相处，使师生之间产生强烈的情感共鸣，以使教学过程在轻松愉快的氛围中进行。对学生处于心理发展关键时期所遇到的各种心理挫折和障碍，教师要及时帮助学生，关注学生的心理健康，促进学生的健康情感、良好人格特征的形成。"亲其师方能信其道。"因此对学生应该多一点儿尊重，多一点儿沟通，多一点儿关爱，多一点儿赞美。这样学生才能在融洽、和谐、平等的学习氛围中愉快勇敢地接受并完成富有挑战性的任务。

总之，教师要彻底改变在课堂上的角色，把自己看作学生中的一员，将学生切实当作自己的朋友，平等对待每一个学生，尤其要善待后进生。突出学生在学习过程中的主体地位，充分调动其积极性、主动性和自主性，使其真正成为学习的主人。教师的教学活动要始终以学生发展为起点，以学生为归宿，真正做到"为了学生的健康和谐发展"。

三、构建"和谐高效"型化学教学的实施模式

在我们现实的化学课堂教学中，很多教师对学生掌握知识的程度给予了极大的关注，而学生的学科能力、创新能力、实践能力等往往被忽略了。这种智与能的失调，导致的直接后果就是"高分低能"；从长远来看，则使学生丧失了可持续发展的潜力。我们应该在课堂教学中创造一切条件让学生主动地、生动活泼地发展，充分发挥学生的创造性，发展

学生的思维能力、学习能力和操作能力等，达到智与能的和谐发展。教育教学离不开对传统知识和方法的继承与发扬，但社会在发展，知识在更新，观念在变化，如果教育教学跟不上时代的脚步，必将以失败而告终。因此，把传统、创新有机结合，是实现和谐高效教学的重要途径，也是培养学生学科素养和能力的重要方法。同时在传统与创新的结合中，不断创新内容、创新形式、创新手段，从而在课堂教学中不断地碰撞出智慧的火花，打造出一个有创造性的、有活力的、给人以启迪的、和谐高效的教学过程。

"和谐高效思维对话"型课堂，既借鉴了我国传统教育的精华，又融入了现代教育思想，体现了以学生为本的理念，是培养学生创新精神和实践能力的前提条件。如今，随着新课程、新教材的实施以及"和谐高效思维对话"型课堂的构建，课堂不再是知识的"流通场所"，而成了学生的精神家园；不再是教师"一言堂"的场所，而是学生拥有的生活世界；不再是单纯接受、输出的流水线，而成为学生实践、体验、理解、创造的空间。在这样的课堂里，教与学不再是两条情感互不交叉的平行线，而是相互的沟通与启发，是彼此的分享与交融。它帮助学生学会学习、学会合作、学会关心、学会创新，形成健全的人格，成为具有创新精神和实验能力、具有终身学习的愿望和能力的人才，这些都是教育更本质的目标，是此次课程改革的制高点。因此，构建新型课堂教学实施模式既是课程改革的重中之重，更是实现和谐高效化学教学的必然选择，以使学生学习兴趣得以提高，潜能得以发挥，能力得以锻炼，个性得以优化。

1. 营造问题情境——引发思考

"和谐高效思维对话"型化学课堂教学，要求教师并不一味地显示自己的教学预案，而是真切灵活地关注学生的学习状况，以思想激活思想，以智慧引领智慧，以个性启发个性，注重学生自我探究、自我发现、自我建构。能抓住学生学习中的问题和困难，生成新的适合学生学习需要的教学内容，营造波澜起伏的教学场景。因此，教师首先应从培养学生兴趣入手，激发他们的求知欲，引导他们自己去思考、去学习。一般来说，学习兴趣可以通过实验、智力游戏、化学史、化学故事等多种渠道来引导，抓住学生对一些工农业生产和日常生活中的现象还处于不知或知之不多的境况，提出一些启发性的疑问来激起他们的兴趣。所提出的疑问应具体且尽可能贴近教学目标，这样学生就容易产生想法，要求解疑的积极性就高，兴趣越浓，自主探究学习的积极性也就越高。另外，也可利用网络和多媒体等现代化教学手段，创设动静结合、生动直观的教学情境，使课堂成为学生想象的天地、创造的源头、益智的场所。如学习 $NaCl$、CO_2、金刚石等晶体结构时，除利用晶体模型直观教学外，借助多媒体形象教学则效果更佳。又如学习乙炔的加成（聚）反应时，借助多媒体演示反应过程中化学键的变化，学生就更容易理解，而且对后面学习乙炔的性质也有很好的迁移作用。不过，课堂上所设计的问题或探索性实验要符合学生的认知规律，以利于学生自主学习能力的形成。

2. 创设探究空间——探究深思

"和谐高效思维对话"型化学课堂教学，提倡"先学后教""合作学习"的方法，将学生置于发现者、研究者、探索者的位置，这是教学的中心环节，教师在启发思考的基础上组织学生进行讨论和实验探索。布鲁纳的发现学习理论认为"认识是一个过程，而不是一种产品"。教学过程就是教师引导学生发现的过程，学生不应是被动的、消极的知识接受者，而应是主动的、积极的知识探究者。学生利用教师或教材提供的材料，通过辨识、讨论和实验探究亲自去发现问题的结论和知识之间的内在联系，努力成为一个发现者。

例如，学习原电池知识时，可以采用小组合作探究的方式，让学生通过实验，从电极材料、溶液性质、整体组合要求三个方面进行探究分析，最后总结得出形成原电池的条件。

教师在这里做的一项工作首先是"巡视、质疑、布疑"，了解学生的思维发展，对个别学生进行适当的一对一辅导；其次是对共同的难点、重要的概念、分歧大的问题，组织学生讨论、辩论，把提问的权力还给学生，鼓励学生把意见讲够，把道理摆全，教师不要轻易表态，"适当的地方，适当的时机，适当的点拨"。学生感到生疏且百思不得其解并有争议的地方，往往就是难点，就是理解和解决问题的关键，此时的点拨将会收到拨云见日的效果。教师不能简单地依赖教材，把现成的结论和盘端给学生，而要让学生在这个过程中通过看书、实验、观察、思考、讨论、争辩、问答等，做到动脑、动口、动手、动笔，完成质疑解难的学习目标，达到既学到了知识，又培养了能力的教学目的。

3. 构建知识框架——归纳理思

"和谐高效思维对话"型化学课堂教学，强调在学生通过一系列学习活动得出初步结论的基础上，学生与教师一起进一步归纳整理，从而得出正确结论，并使知识系统化、网络化。

例如，在晶体知识的学习过程中，可设计如下一些问题。

①什么是晶体？

②"NaCl"和"CO_2"所表示的意义有什么不同？

③哪类晶体可以导电？为什么？

④一般根据什么来判断晶体的类型？

⑤从石墨的物理性质的特点分析其所属晶体类型。

⑥足球烯（C_{60}）与石墨、金刚石之间有什么关系？试猜想其属于哪种晶体？能否导电？说出猜想的依据或理由。

这样，既让学生掌握了要求掌握的知识，又了解了一些前沿科技的知识或产品；既让学生利用教材厘清知识脉络解答问题，培养了学习能力，又促进了学生创新思维的发展。这一环节主要是释疑定论，构建知识框架。罗杰斯主张教学应以学习者为中心，学生是学习活动的主体，他们具有内在的潜能，并能主动地发展其内在潜能。因此，释疑应是教师引导和指导下学生的自主活动，从释疑到结论的过程与人类一般认识深化的过程基本一致，但仍不能脱离教师的指引，归纳理顺、释疑定论、构建网络应是教师指引下学生的自主行为。

4. 打造能力平台——实践反思

"和谐高效思维对话"型化学课堂教学，重视知识的运用和巩固阶段，教师组织学生应用正确的结论解决一些具体问题，从而巩固所学的知识，深刻认识所得结论的适用范围，产生进一步探索学习的需要。应当指出，这里所谓解决一些具体问题，不仅是解答一些练习题，还应包括一些小实验、小制作和小论文，多种渠道寻疑反思，让学生深刻地理解知识，并能灵活地运用所学知识解答新情境下的问题。

例如，在将要结束"电解质在水溶液中存在形态"知识的学习时，可设计这样的问题：某化学研究性学习小组利用导电实验测知未知溶液 A 的导电能力比未知溶液 B 的导电能力强，据此该小组得出 A 是强电解质，B 是弱电解质的相关实验研究报告，请利用所掌握的知识对该研究报告进行评价。

这样就真正体现了思维对话，使学生的创新能力、思维能力等在学习和应用科学知识解决实际问题的过程中不断完善、不断发展、不断提高。

总之，要真正实现"和谐高效思维对话"型化学课堂教学，要充分发挥每一个教师的智慧和集体的智慧去反思、去探索、去发现、去创造、去超越、去发展，从而使教师和学生在"和谐高效思维对话"型化学课堂教学创新实践中，实现"双赢""双发展"，使"和谐高效思维对话"型课堂成为教师教育教学的一个新亮点。

第三章 高中化学高效课堂讲课艺术

第一节 新课导入与课堂小结

一、新课导入的作用与要求

1. 导入的作用——"良好的开端是成功的一半"

课堂教学中，一个好的导入会激发学生的学习兴趣和求知欲望，对收到理想的教学效果有着重要的作用。好的新课导入有以下几个作用。

第一，一上课就迅速吸引学生的注意力，使学生在有趣、有疑、有乐、有情和有劲儿的状态下学习。

第二，活跃的课堂气氛使学生的大脑处于兴奋状态，能提高学生接受新知识的速度，并有利于学生对新内容的记忆。

第三，创新的教学情境，使学生处于动手、动脑又动口的状态，思维的敏捷度提高了，再配合精心设计的教学过程，有利于达到教学目标。

2. 导入的基本要求

第一，导入应紧扣教学目标，能为课堂教学达到预定目标提供条件。

第二，导入应激发学生的学习兴趣和求知欲望。

兴趣是最好的老师，而求知欲望是聪明才智的激发器，在一堂课的开始就把学生的学习热情调动起来，学习的效果会更理想。

第三，导入应注意新旧知识的联系。化学学科具有完整的科学体系，在学习时要注重学科的系统性，应利用导入的契机，简单复习新课所需要的旧知识，唤起学生原有的记忆，这对新知识的学习是很重要的；同时，新旧知识的迁移、类比，也是学生应该掌握的一种学习方法。

第四，导入应切合学生实际和课程内容。好的导入应符合学生的心理特征和现有知识水平，不能太"玄"，也不需要太多的形式，应立足于课程内容。一堂好课，需要在某些环节上做一些技术处理，但过于复杂的技术处理或形式反而会淡化课程内容本身，使学生眼花缭乱，不知学习目标是什么，对新知识的接受未必有益。

二、常用的导入方式

课堂导入没有固定不变的模式。根据学生的实际情况并结合每节课的内容及特点，在设计上可以采取不同的方式和策略。下面介绍几种常用的方式。

1. 情境导入法

以实际生活中的场景或问题作为课程的开始。这种导入方法的优势在于：让学生领悟到化学源于生活而又应用于生活，把抽象的化学知识具体化、生活化，有利于学生理解和接受新内容；同时，在学习之前引进实际情境，点明本课主题，学生对本课的知识点明确了，在学习过程中就会产生"有意注意"，可以提高学习的效率。

例如，在讲"氮气的性质"时，首先播放一段日常生活中司空见惯的雷电交加的录像，伴随着录像场景，教师充满激情地说："看到这样的场景，想起这样一句谚语——雷电发庄稼。此时，农民看到的是雨后绿油油的麦田，展望的是秋后丰收的喜悦。而一些受氮氧化物污染较严重地区的人们，却大声疾呼'少打雷吧，别下雨了，我的钢材都被你毁了'。在这一自然现象的过程中到底发生了哪些化学变化？为什么不同的人对它的感受不同呢？"

通过一个实际情境引出化学问题，再通过对化学问题的解决得到新发现、学习新知识。这样的设计可以在课程开始就吸引全体学生的注意力，引起他们学习的兴趣。因此，这种导入方式应用得较为广泛。

2. 生活问题导入法

以一个能引发学生兴趣与思考的问题作为一堂课的开始，在问题解决与探究中进入新课学习。这个问题应该是开放的，能激发学生的兴趣，只有这样的导入才能在学习过程的开始就引发学生的求知欲和探索欲。这个问题可以是一个实际问题，也可以是一个纯化学问题，但无论如何，这个问题必须紧扣本课主题。

例如，在讲"氯气的性质"一节时，可以导入以下生活问题作为课的开始。

新课导入：同学们，你们知道直接用自来水养鱼，鱼儿为什么容易死吗？通常自来水

厂最后一道工序用什么试剂来消毒？如果直接用自来水配制硝酸银溶液可能会有什么现象？（演示：在自来水中加入硝酸银溶液）

目的是激发学生的学习兴趣，并暗示化学与生活紧密联系。

3. 温故孕新导入法

有些类型课程的学习需要很多相关知识的运用，或可以由固有知识进行迁移得到，这就需要在学习新知识之前先进行复习，唤起学生对固有知识的记忆。

温故的作用在于可以扫清求新过程中的障碍。有些课程可以通过对固有知识的回顾、反思，运用迁移、拓展和类比等手段引出新知识，使新概念的形成顺理成章，这样易于学生的理解和接受。

例如，"氯气的实验室制法"是教材中继初中"氧气的实验室制法""CO_2的实验室制法""氢气的实验室制法"之后的又一气体的制取方法，学生从回忆初中所学氧气、氢气、CO_2的制法中受到启发，回忆所学气体制备原理和所选用的发生装置，运用比较、分类、归纳等方法对信息进行加工，获取实验室制取气体的一般方法及选用制气装置的一般原则，并亲自设计实验室制取氯气的原理，根据原理选择适合的实验装置，同时在与同学的交流中发现问题，进一步改进装置，使其不断优化，培养科学探究能力和实验设计、创新能力。

4. 开门见山导入法

这是最直接的导入方式，其优势在于直接点明主题。学生在学习过程中直奔主题，排除其他内容的干扰，对一些教学意味较浓而知识容量较大、难度较高或相对独立的内容非常适用。

例如，在讲"原子结构和相对原子质量"一节时，通过课件直接展示资料，如人类对原子结构认识的几个历史阶段，介绍电子、质子的发现，然后直接导入新课的讲授。

5. 操作探究导入法

这种导入法是目前化学课堂教学中运用得比较多的导入方式，就是让学生在动手操作中发现规律，提出猜想，进入新课学习。这种导入方式能充分调动学生的主动性，在操作过程中使学生的主动性达到最佳状态。在探究过程中，他们的创造力会得到激发。但是如何设计一个既能达到预定目标，又切合学生实际的操作问题呢？

例如，在验证"卤素单质氧化性强弱递变"时，给学生提供：氯水、碘水、氯化钠溶液、碘化钾溶液等4种试剂，让学生根据原子结构理论分析得出的认识来设计有关的实

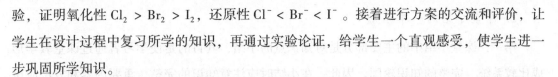

验，证明氧化性 $Cl_2 > Br_2 > I_2$，还原性 $Cl^- < Br^- < I^-$。接着进行方案的交流和评价，让学生在设计过程中复习所学的知识，再通过实验论证，给学生一个直观感受，使学生进一步巩固所学知识。

这样的导入趣味横生，不但学生的主动参与程度很高，而且由此所形成的课堂氛围也是轻松愉快的，在这种氛围下学习会更有乐趣。

新课导入的方式很多，不同的课型应有不同的选择，同样的教学内容采用不同的设计也可能达到同样的目的。但是，无论采取怎样的导入方式，提高课堂效率、激发学生的学习兴趣都是最根本、最重要的。

三、课堂小结的作用、原则与形式

1. 课堂小结的作用

不少教师比较注重课堂教学过程和新课导入，却忽视了课堂小结的作用。其实，课堂小结也是课堂教学中的重要环节。因为：

第一，事实上，学生在课堂学习中受教师引导的作用较强，对所接受的知识和方法的认识是凌乱的和不规则的。教师在小结时，可以通过对课堂学习的回顾、反思，概括、归纳知识点和学习方法，使学生对一堂课的内容有一个完整而系统的认识。这样，既有助于加深他们对新学知识的理解和记忆，也有助于他们把新学知识与固有知识进行有机联系，形成有效的知识链、知识网。

第二，小结可以弥补在教学过程中的某些失误。因为在刚开始学习时，往往有些学生不知道本堂课的学习目标是什么，不清楚学习内容和学习目标会造成学习效果的不理想。如果在小结时能承上启下，再次明确学习目的和应该达到的目标，以及本堂课知识能解决的问题类型，就可以使学生有更深刻的认识，进而使一些"后知后觉"的学生"茅塞顿开"。

第三，一般本堂课的知识点对下一堂课的学习影响较大，前后密切联系，在小结中可以通过质疑、反思激发学生对下一堂课的学习愿望，对后续学习也很有益。因此，课堂小结不是可有可无的，教师应该充分利用下课前5分钟进行小结、归纳，效果比再做一道题要好。

第四，在教学过程中有新的收获和积极的变化，小结对教师也是如此。利用课堂小结，师生共同总结各方面的收获，交流学习体会，这对学生和教师都是一种提高，是增长经历和获得体验的良好时机。

2. 课堂小结的基本原则

第一，课堂小结中的主要部分是对知识点的小结，其目的是使学习者通过课堂教学形成比较系统、完整的知识轮廓。因此，在小结时应注意知识的完整，重要内容和方法应该不重复、不遗漏。

第二，一堂课的学习内容应有侧重点，如果平均使用时间和精力，会让学生产生抓不住重点的感觉，影响对重要内容的体验和记忆。因此，在小结时应注意突出重点，强调难点。

第三，化学问题是解决不完的，练习是做不完的，因此，掌握方法是最关键的。在小结时应注重化学学习方法的传授和化学规律的再发现，更应注意方法、规律的总结，尤其注意对各种方法、规律的作用与适用类型的归纳。

第四，只有学生的学习积极性被调动起来，学习的效果才会更好。因此在小结时，单纯由教师对主要内容进行归纳、整理，学生的记忆是不会深刻的，而放手让学生自主地归纳、概括主要内容和化学方法，自主地总结一堂课的收获与体会，效果会更好，有时甚至会掀起课堂教学的又一个小高潮，引发一次小的却又激烈的讨论，让教师和学生在"恋恋不舍"中结束课程。这样的小结能让学习者对这堂课回味无穷，能培养学生的学习兴趣，能对整堂课起到推动作用。

第五，课堂小结应该注意前后呼应，应该对导入时提出的思考问题做出解释，或再进行一次深入发掘。有时，教师在授课过程中通过自我反思有新的见解或发现，在小结时，教师可以提出自己的新观点、新发现，但要注意与本节教学内容或新课导入的联系和呼应。

3. 课堂小结的注意点

良好的课堂小结会加深学生对整堂课的印象，会使学生对所学内容理解记忆得更深刻，对学生非智力因素的激发越有益，但课堂小结的时间有限，而且具有总结性、肯定性的效果，因此，在小结时应注意以下几个问题。

第一，教师在思想上要重视课堂小结，不能单纯做些简单的知识梳理，甚至梳理的内容都不完整，这样的虎头蛇尾会影响一堂课的教学效果。

第二，小结应立足于本堂课内容的重点、难点的归纳与突破，尤其要注意简洁明了且富有条理性，要分清主次，突出重点，强调难点，追求精彩但不应该故弄玄虚或者把本堂课的内容随意延伸。基于学生的生理、心理发展规律，要求学生一堂课始终保持高度集中的注意力是不可能的，教师应让学生的思维有张有弛。

临下课时，学生处于思维疲劳状态，因此，这时的兴奋点不应该引发学生"无休无止"的心理疲惫。比如，提出学生根本不可能在短时间内解决的难题，或是教师仍喋喋不休地讲个不停。

第三，根据课程的不同结构和类型，应选择不同的课堂小结方式。例如，概念课小结时一定要回顾、再认识概念，并对概念的应用方面进行概括、归纳；而在计算课时，应该梳理运算的步骤、注意事项、常出的错误和计算时常用的技巧等。在上实验课时，更应注重实验的真实性和可操作性及实验背后的反思等；在习题课上，应加强各种问题类型的小结和同类型问题解题规律、技巧与方法的总结；复习课一定要梳理一个单元的内容，尤其应该强调单元中的难点与重点。但是，无论什么课，小结都应该注重化学思想方法及其应用的总结。

4. 常用的课堂小结形式

（1）知识归纳式小结。

这种方式是最基本并且应用最广泛的课堂小结方式。应该说，所有的课堂小结都包含知识点归纳。它主要通过师生共同回顾本堂课所学的主要内容，把新学的内容梳理一遍，使学生通过小结，对本课内容有一个整体、系统的认识，力求达到更深层次的理解。

（2）前后呼应式小结。

在课程导入时，有时候以一个思考型问题引发学生的反思、质疑，顺理成章地进入新知识的探究与学习；或者在导入时，师生共同提出一些观点、猜想，通过一堂课的活动，来验证这些观点与猜想等。在课程结束前，应该再回到导入，对问题做出正确而完整的解答，对观点、猜想做出合理而肯定的解释。如果对导入所提出的问题、观点不了了之，会失去其效用，有时甚至使学生产生错误认识，做出错误判断，影响以后的学习。

（3）交流及反馈小结。

如果课堂小结总是由教师或学生进行知识点归纳、小结或进行方法概括，那么，学生会觉得疲惫，并且容易注意力分散，不一定能达到预期的效果。所以在某些课上，在课堂小结时可以围绕本堂课的主要内容进行小组间的交流与讨论，然后全班反馈，这样做常使学生再次闪现思维的火花。例如，可以在概念较多时，让几名学生组成一组设计一张表，用来概括知识点，然后全班交流每个组的成果，以加深印象，进而形成更好的记忆方式。又如，请学生小组讨论，精心设计一个应用新知识、新方法的小问题，通过探索与解决这个问题，厘出一堂课的主线，并在再次运用中强化理解与记忆；有时还可以让学生通过编题并解答来加深对新内容的认识、理解、掌握和应用。

(4) 自主评价型小结。

学生是学习的主体，也是课堂的主人。课堂教学应该给学生足够的时间和空间去体验、思考和感受，同时让学生有机会畅谈他们的体验、感受与收获。

学生不仅是接受者，也应该对课堂教学、教师及学习同伴做出评价。在一堂课的最后，教师应把讲台还给学生，给他们权利，让他们表达出对课程学习的疑惑或收获的欣喜，提出建议和不同见解。在开始阶段，学生往往只会模仿教师进行简单的知识内容的整理，或是泛泛地谈几句，这时，教师不要气馁，在鼓励他们的同时，可以自己先提出一些小问题，请他们思考，或是谈谈自己对某个教学环节处理的"事后反思，提出修改意见，也可以谈谈对某名同学发言或方法的欣赏"，等等，时间久了，学生自然而然地会由简单模仿到有自己的观点和自己的表达方式。在评价中，学生锻炼了表达能力，而"化学表达"是化学中非常重要的能力，化学语言是世界上最精练、优美的语言，是跨越国界的语言。能用化学语言表达、用化学方式思考、用化学方法解决问题，是素质教育的要求，为学生今后"学化学、用化学"打下扎实的基础。

第二节　对教学节奏的把控

一、课堂教学应该有节奏

课堂节奏是指教师在组织实施课堂教学时，适当把握各教学环节的方式和速度，使课堂教学处于有规律的动态变化之中。课堂节奏具体体现在教学内容主次的组织、顺序的安排以及教学信息传播的速度等方面。高效的课堂教学应该有较强的节奏感，穿插使用不同的教学方式和学习方式。具体操作时应根据不同的教学内容、教学目的及不同的课型灵活掌握。

课堂教学要有节奏，主要基于以下三个方面的原因。

1. 教学内容方面

一堂课的教学内容本身有一定的节奏，既有重点又有难点，同时还有一些起辅助作用的一般内容和过渡内容。在课堂教学过程中，如果平铺直叙，对所有内容平均用力，那么，学生接收的信息量就会过大，难以消化。尤其对重点、难点内容若没有特殊强调，则会导致学生对重点内容无深刻印象，对难点内容茫然无头绪，将造成时常听到的一种对课程的评价：不知道这堂课在讲什么。这样的教学是低效的，甚至是无效的。

2. 教学过程方面

一堂课应该至少包括三个主要阶段：课堂引入、课堂授课和课堂小结。其中，课堂授课所占时间的比例最大，也是最重要的教学阶段，它对教学效果起决定作用。因此，对授课阶段的设计要根据学生的年龄特点、教学内容和教学目的等恰当运用提问、思考、质疑、操作、尝试、探究、猜想、讨论、交流等手段和方法，使学生在授课阶段处于一种不断发现、不断思考、不断收获、不断记忆的思维兴奋状态。在这种动手、动口、动脑的动态变化中，学生才能主动学习，主动打开思路，学生的积极性被调动起来后，他们的创造潜能也会被发掘出来。学生们精彩的思维火花被点燃后，教师的兴奋点和激情也会随之激发，在这种学习氛围下，课堂是活的、流动的，它的美感和高效不是备课时所能预期的，而它的效果也不是单调地听、讲、练的课所能达到的。

3. 学生心理方面

人的注意力不可能长时间集中在一个点上，教师要求学生一堂课自始至终注意力高度集中地听课是不可能的。没有适当的调节与放松，听不到一半，学生就会产生疲倦感。因此，教师在授课时应遵循学生的心理特点，安排几个不同的环节，让学生的注意力适当转移，他们就不会产生疲倦感。同时，心理学家发现，当人在动手、动口时，注意力相对容易集中，而且能保持较长时间，因此，让学生适度活动是很有效的，例如，做实验、设计方案、小组一起交流等。

有节奏感的课使学生的印象比较深刻，遗忘率较低。这样的课可以培养学生主动学习的意识，不但教学效率高，而且对学生的终身学习能力的培养及潜能的开发至关重要。

二、恰当的课堂节奏

掌握恰当的课堂节奏，要求教师在课前做好准备，即根据教学内容、学生特点等精心设计本堂课几个重要的环节及各环节所需的时间、所要解决的问题和预期达到的目标等。在设计时，应该体现教学内容的主次，避免面面俱到。对难点内容，可以设计一个适当的坡度，使学生能通过自己思考和与同学交流的方式突破难点；对重点内容，可以使其在各环节中不断出现，以强化学生记忆。教师讲解时，也可以通过自己的语言、语音、语气来突出重点和难点。

三、教学过渡

适当的课堂节奏要求教学各环节能有机地连成一个整体，否则，一个个零星碎片会造成学生理解和记忆的零乱，经常被中断的思路会使学生不知所措，因此，在教学的各个环节之间应该有自然的过渡。

一堂课的学习内容往往不是单一的知识点，而是由几个知识点共同组成的，课堂教学应该有帮助学生构建知识体系的作用，因此，在一堂课或者一个知识单元中，教学内容的各个部分之间应该有过渡。这种过渡起到承上启下的作用。过渡设计得好，学生能把学习内容连成一条线，织成一张网。过渡的基本要求如下。

1. 过渡要自然

一堂课是一个整体，由若干个小部分组成。教师设计的过渡应该注意各部分之间的内在逻辑联系，同时也要注意运用富于变化的语句或采用不同的方式、手段。

2. 过渡要引起学生的思考、疑惑

过渡通常发生在各教学环节之间或一部分教学内容结束时。即将开始新一部分教学内容的时候，学生高度集中的注意力和思维状态会得到放松和暂时的休整。因此，好的设计不应该仅仅满足于连接前后两部分内容，应该富有启发性，让学生在思考、质疑和好奇中自然过渡到新的部分。

3. 过渡要根据不同情况，采用不同方式

课堂授课不应有固定模式，过渡亦然。长期采用相同的模式授课、过渡，学生会失去新鲜感，兴奋点难以被激发，而且各种课的类型不同，也要求采用不同的设计。

四、课堂节奏的基本要求

1. 主次分明、重点突出，并能体现明确的教学意图

这就要求教师首先明确教材中本堂课的教学内容的地位、作用和意图，明确哪些知识点和问题是需要重点掌握和解决的，哪些知识点对后续学习是至关重要并且必须强调的，哪些知识点对学生而言有一定难度，哪些需要设计坡度以求突破等，其次再设计课堂教学中的主次轻重。

2. 思路清晰，目标明确

对同一堂课的内容可以有各种不同的设计，但无论怎样的设计，教师都应有自己的思路和目的。例如，这堂课的主要环节是哪几个？通过怎样的方式（操作、探究、讲解、交流、观察或猜测等）实施各环节的教学？预期达到什么目标？它与前后环节之间如何自然过渡？每个环节要解决什么问题？发现、学习或理解、接受哪些知识点？一堂课的最终目

标是什么？等等，只有教师的教学思路清楚了，整个教学过程才会变得清晰流畅。

3. 教学内容与教学形式相结合，打破模式化

教学内容是课堂节奏的内在因素，它对教学形式起决定作用。课堂节奏安排和各环节设计，都应该根据教学内容及学生年龄段的不同精心选择，不可将课堂教学模式化。只有当教学形式与教学内容和谐地融合在一起时，教学才会取得最佳效果。例如，教师越来越意识到培养学生的再发现能力很重要，于是每堂课都设计一个再发现知识的过程，但教学效果并不好，因为很多教学内容是不需要或无法再发现的，很多规律性的知识由教师讲解再由学生接受效果会更好。

第三节 教学启发与引导

启发与引导是指在教学过程中，教师设法调动学生的积极性，并依据学习过程的客观规律和学习内容的内在规律性，引导学生积极主动地探求知识、掌握知识和培养能力。

在课堂教学中，启发与引导的作用很重要，应用也很广泛。例如，在新课引入时，面对实际生活，教师可以启发学生通过观察得到一些化学结论，把生活问题化学化；在学习新知识时，教师可以通过一些学生常见、熟悉、易于理解的例子说明难以理解的化学概念或抽象的化学逻辑关系；在学生回答问题时，常有回答不出或回答错误的情况，教师可以采用启发与引导的方式帮助学生发现原因，找到正确的方法等。可以说，在课堂教学中，启发与引导无时不用、无处不在。

一、启发与引导的作用

启发与引导，即在教学过程中，教师对学生予以适时、适当的点拨与提示。

课堂教学的方法很多，如讲授法、谈话法、讨论法和演示法等。在一堂课中，针对各种教学内容、背景，各种教学方法可以交替使用。

启发与引导在各种方法中都时时体现，其作用是：

1. 能为学生指明正确的思考方向，并引导他们用适当的方法去理解和掌握

在学生对学习内容的理解有困难或在解决问题的过程中遇到关卡而无法继续进行下去时，如果没有适时的点拨，他们会茫然无措，要么停止思考，要么四处出击，乱碰乱撞，以致浪费很多时间却没有收获。尤其在学习新知识时，给学生一个明确、清楚的概念和定

理及其使用方法、范围或作用等方面的启发，既能提高学生学习新知识的效率，又会使学生在今后遇到类似问题时，可以进行有明确目的的思考，提高学生思维的有效性。

2. 能降低学生在解决问题时的思维难度，培养学生对化学的直觉能力

化学本身具有很强的逻辑性，在学习化学和应用化学解决问题时，如果能注意在难度较高的地方给学生一点儿适度的点拨，搭一个小小的台阶，学生通过这个台阶不但能解决问题，而且在解决问题的过程中能领悟化学中的逻辑思维方法。长此以往，他们学会了运用化学方法解决问题，养成了化学化的思维习惯，也会摸索着自己搭台阶以降低思维难度。其实，善于找到解决问题的突破口，搭一个有效的台阶，就是我们平时常说的直觉强、有灵感。

3. 能提高学生的思维质量

学习化学的根本目的并不只是单纯地学到很多化学知识，对大多数人来说，化学知识在他们的一生中的运用是广泛的。一般人都知道，化学学得好，除了能为理科的学习奠定良好的基础，更主要的是在用化学化的方法分析问题、解决问题时，能条理清楚，思路敏捷、周密、完整，这是化学的学科特点所决定的。但是，要想使学生能进行高质量的思维活动，需要教师在平时的教学中多引导学生进入这种思维状态，使学生学会运用各种化学方法，并且在学习中习惯运用化学化的思维方式。

二、启发与引导应遵循的原则

1. 掌握最佳时机

启发与引导的最佳时机是学生在学习、思考或解决问题的过程中遇到困难且通过自己独立思考确实无法进行下去的时候。因为学生在思考的过程中已经尝试过各种方法，并且对问题所给的条件和所要达到的目标已经很清楚，只是可能对自己的方法不够自信，或思路有所偏离等。这时，教师给予学生一点儿小小的提示，学生会马上与自己原有的思路联系在一起，找到自己在思考中存在的问题，从而思路贯通、开阔顺畅。同时，由于自己碰过壁，学生对今天的学习会印象深刻，那么在今后的学习中，再遇到同类或相似的问题，他们会尝试用今天的方法去思考。时间长了，随着方法的积累，能力当然会越来越强，这就达到了学习化学的目的。

启发与引导的时机很重要，如果时机把握得不好，往往达不到预期的目标。具体操作时一般要注意以下两种情况。

（1）内容较浅，问题难度不高。

凭学生现有的知识基础和学习能力完全可以独立解决的问题，应该给他们多一点儿思考的时间去自己解决。有些教师总担心教学时间不够，不放心把教学时间拿来让学生充分思考，喜欢包办代替，这样做往往会造成学生思维懈怠。

（2）教学内容和问题难度过高。

教师应该给予适当的引导。有些教师过于相信学生的能力，一味强调学生独立思考，结果把很多教学时间浪费在学生的苦思冥想上。学生在思考时，因为缺少正确的引导和方向，所以只能乱碰、瞎撞，甚至失去耐心和信心，从而导致思维停止，只等教师讲解，其结果是浪费了宝贵的教学时间，还可能使学生对学习失去信心和兴趣。但是，在提出问题后马上讲解也可能失去问题本身的价值和效用。因此，对难度较高的问题应该给学生多一些时间，让他们认真思考，因为只有认真思考，才会有深刻的理解和记忆。当然，这个等待的时间应该适中。

总之，若教师启发与引导的时机把握得不好，在应当让学生更多思考的时候过早给予引导、提示，则使本来可以让学生通过理解和分析提高思维深度、广度的问题失去作用，影响学生思维质量的迅速提高。但是，过度的等待和苦思冥想既会挫伤学生思维的积极性，又影响教学任务的完成和学生学习的积极性。因此，在课堂教学中，教师要根据学生的反应和教学的实际情况恰当地把握启发与引导的时机。

2. 注意层次性

课堂教学中需要学生理解、掌握的内容和需要思考的问题分为五个层次：极难、难、较难、一般和不难。极难的内容应该由教师进行详细的分析和讲解，不难的内容和问题则不必讲解，可以让学生自己去解决。需要教师启发和引导的只有难、较难和一般三个层次的内容。对这三个层次的内容，教师应该分别选择不同的时机和方式进行适度的启发与引导。

对难的内容和问题，教师可以在向学生提出思考要求时，对需要思考的内容和问题做一个大概的介绍，然后对思路、方法做一个简要提示，让他们少走弯路，快而正确地理解教学内容或解决问题。

对较难的内容和问题，应该在提出问题后让学生独立思考。在他们经过积极思考，接近得到结论或解决问题而又无法真正完成时，教师稍稍点拨，会使学生豁然开朗，使他们在对教学内容的实质有了透彻理解或在真正解决问题的同时，享受成功的喜悦和思维的乐趣。

对一般的内容和问题，可以放手让学生独立完成。在学生经过独立思考后还有疑惑时，再对学生的疑惑进行解答和点拨，这样比教师讲解更有效。

当然，在启发和引导时，应该先考虑大多数学生的需要，从大多数学生的实际情况出发，对个别程度特别好或特别差的学生，可在课后对其进行辅导。

3. 应具有发散性

所谓发散性，是指在课堂教学中教师对学生的启发与引导应拓宽学生的思路，使他们不仅能找到问题的答案，并且使他们的思维变得异常灵敏和活跃，热情被激发。同时，在多方面、多角度的思维训练下，他们的思维质量将得到明显提高。

发散性的启发与引导有利于学生的思考。教师在向学生提供达到学习目标的思维途径和方法时，不能含糊其词，这对学生思考毫无帮助；更不能过于明白无误，使学生不需思考便能达到目的，也就是说要"适度"。只有适度的启发与引导才会使学生产生有价值的思考。这就要求：

第一，启发应该有的放矢，应该针对学生在理解和分析时碰到的疑难点。

第二，应该给学生指出一条具有启发性的思维途径，而不是指示学生尽快去找到问题的正确答案。

第三，可以启发学生运用能有效解决问题的化学方法，让学生在解决问题的同时掌握各种化学方法，以培养终身学习的能力。

三、启发与引导的方式

1. 教师提示法

在课堂教学过程中，当学生在回答教师的问题或独立思考解决问题的过程中遇到各种各样的疑难点时，教师应予以适当提示。因为每名学生的学习基础、理解能力、接受能力、分析能力和智力发展水平等均有差异，他们在学习和解决问题时的思维能力也有差异。因此，在课堂教学中，会有不同的状况出现，这就要求教师在做提示时要根据不同的学生选择不同的方法。如果用"一刀切"的方法加以提示，效果将是：有的学生感到教师的提示多此一举，自己的思维状态已经达到这一层次；而有的学生认为教师的提示没有提到点子上，对自己的思维活动无实质性的帮助。

（1）面向个别学生的提示。

当教师向某名学生提问而学生一时不能回答出教师提出的问题，或学生独立思考而出现疑难时，教师应针对这些学习有困难的学生予以适当提示和点拨。

这种点拨要因人而异。对平时喜欢钻研、常有独立见解，但好钻牛角尖的学生，可以"点"得浅一些，采取"引而不发，旁敲侧击"的方法，引导他们联系已有知识，换一个角度、换一种方法进行思考，并且激励他们说出自己的观点或思路。对平时思维灵活度不高，比较沉闷、胆小的学生，则需要"点"得明白一些，把他们的思路引向便于他们思考的通道，或干脆明确地告诉他们思维的正确路线，举些更浅显的例子让他们模仿。

（2）面向全体学生的提示。

在课堂教学中，为使学生比较顺利地沿着正确的思维路线去理解和掌握教学内容，而对全体学生做出有启发性的引导与提示，要想使这种提示取得较为理想的效果，应该做到：

第一，根据班内绝大多数学生的基础和学习能力，决定是否做提示或做出怎样的提示。对学生经过思考能自己得出结论的问题，不要做全班提示；而对多数学生认真思考后虽有了解，但理解并不深刻，无法真正理解问题或流畅表达的，应当做出适当的提示。

第二，注意把握提示的"度"。这里的"度"是指提示的明晰度。为了让学生达到在学习过程中通过思考解决问题，培养终身学习的能力，培养发散性思维的能力，教师在做出提示时，不能让学生一听教师的提示便"豁然开朗"，应该留一点，以便学生有更为广阔的思考余地和更多的思维空间。

第三，提示应具有概括性，不要过于具体。因为概括性较强的提示涵盖面比较宽，能使学生从中不同程度地受益。

2. 教师举例法

在课堂教学的过程中，当遇到比较抽象的难以理解的知识点时，或是学生在学习和解决问题的过程中遇到困难无法进行下去时，或是教师为了达到让学生深刻理解、记忆的教学目的时，都可以采用举例法进行启发和引导，即用具体、形象、生动的实例来启发学生理解抽象、难懂的化学知识，让学生在真正理解的基础上通过实例达到解决问题、深刻记忆的目的。

用举例法对学生进行启发与引导，能使原本从理论到理论的教学内容变得具体、形象，使学生不会因为内容难以理解或枯燥乏味而失去学习兴趣，使学生在轻松的学习状态中提高课堂教学的效率。要真正达到这个目的，对所举的例子应该有选择性。在选择时应该注意以下几点。

（1）举例要贴切。

与教学内容无关的例子，无论它们如何生动、形象，一概不能举。与教学内容虽有关系但联系不太密切的例子尽量不举，要举就举与教学内容密切相关的例子。例如，在学生学习原子的组成时，对原子这样看不见、摸不着的微观粒子，让学生理解透彻是有一定难度的，所以在教学中应尽量多举些例子或事实来帮助学生形成原子概念。如原子很小，原子核又比原子小很多，它的半径为原子半径的几万分之一，它的体积只占原子体积的几千亿分之一。

这些数据是非常抽象的，可以打比喻：假设原子是一个足球场，而原子核只是足球场中央的一只小蚂蚁。再如，用电子云形象地描述原子核外电子的运动时，实现对电子云的理解，可以举一些生活中的现象：用照相机不停地记录花园里一只蜜蜂围着一朵花采蜜，将很多张照片叠加在一起，你会看到在花的周围有很多只蜜蜂，但离花朵近的区域蜜蜂出现的机会最多。以具体的实例来说明，学生的理解才会深刻。

（2）举例要适当。

课堂教学的一个重要目的是向学生传授知识，提高他们的学习能力和智力，举例只是对学生进行启发、引导，使学生更快、更好地理解和掌握教学内容的手段。因此，一堂课不要举太多例子，否则会喧宾夺主，会导致学生头脑中充满了生动、具体的例子，而对于应该掌握的教学内容却不能留下深刻的印象，这种情况下，反而会影响课堂教学的效果。

第四章 高中化学高效课堂教学模式

第一节　高中化学 PBL 教学模式的应用

发展、创新已成为现代社会的本质特点，而未来教育的发展，也要迎合社会发展的需要。未来教育发展注重培养学生的创新能力和问题意识，以及自主学习能力、终身学习能力和交往合作能力。教师不能简单地以传授知识为目的，而应以激发学生的问题意识，形成对问题的独立见解为目的，同时在课堂教学过程中，应体现学生的主体性，培养学生的自学能力，使学生学会与他人进行交流、合作，能主动、积极地进行学习。

要顺应未来教育的发展，同时也为了克服传统课堂教学存在的弊端，需要建立一种新型的、可行的教学模式，而基于问题的学习（Problem-Based Learning，简称 PBL 模式）正是从学生学习的角度出发设计的一种能克服传统课堂教学存在的弊端的教学模式。在教学中，可以 PBL 模式作为一个突破口，让学生通过一系列问题的解决来进行创造性学习，不仅体现了学生的主体性、创造性，也达到了培养创新能力、自主学习能力及合作学习能力的目标，有利于学生综合素质的全面发展。

一、PBL 模式概述

1. PBL 模式的含义

PBL 是 Problem-Based Learning 的简称，中文一般译为基于问题的学习或问题本位学习。有关 PBL 的含义，不同的学者有不同的看法，目前仍存在很多歧义，有人认为 PBL 可以是一种教学策略；是一种以问题驱动的学习环境；是一种课程；是一个通过真实或接近真实情境或案例的学习，让学生参与学习课程的一种方法。

由此可见，对于什么是 PBL，到目前为止没有统一的认识。但从内容、学习过程的控制特征方面来看，具有一定的共性，概括看来 PBL 模式是把学习置于复杂的、有意义的、真实的问题情境中，通过让学生合作解决真实的问题来学习隐含于问题背后的科学知识，形成解决问题的技能，并发展自主学习能力的一种新的教学模式。这种教学模式让学生在特定背景下通过协作学习解决问题，有利于学生学习兴趣的激发，强化学习动机，并且有助于知识情境化，让学生学会学习，学会解决问题，做到自主学习、合作学习、终身学习。

2. PBL 模式的基本要素

关于 PBL 模式的基本要素，国内外研究者从不同的角度进行分析，综合各个看法，将 PBL 的基本要素简单地概括为三个：问题情境、学生和教师。课程围绕问题情境组织、展开，学生是致力于解决问题的人，而教师扮演的是学生解决问题时的工作伙伴和学生解决问题过程中的指导者。高中化学与生活、化学的发展都息息相关，较多素材都用于创设具有一定意义的问题情境。情境中的问题大多是劣构的，结构不明确，没有简单、唯一、模式化的解决策略和答案，是一种开放性的问题情境。当学生处于问题情境中能多角度看待事物的环境，能激发学生的探索欲望，保持学习的兴趣，在强大动机的驱使下能识别问题的症结所在，积极地寻求解决问题的方法。同时能得到教师的指导，构建与后续学习的需要和联系，培养自主学习的能力。

我们可以简要表述 PBL 中三大基本要素的关系。

表 4-1　PBL 中三大基本要素的关系

教　师	学　生	问题情境
作为组织者、指导者： 1. 观察、引导、监控学习 2. 鼓励学生积极思考 3. 让学生连续参与 4. 监察、调节挑战的强弱 5. 促进学习顺利进行 6. 组织问题后的反思	作为主动的问题解决者： 1. 自主地参与、合作、交流 2. 积极、主动地建构知识	作为学生的挑战和动机： 1. 劣构、结构不良 2. 有吸引力，能引起并保持学习的动机 3. 当前与后续学习需要之间的桥梁

3. PBL 模式的特征与优势

基于问题的学习是让学生在真实的问题情境中学习，把所学的知识、技能与生产生活实践相联系，围绕着解决一些具有劣构性、真实性的问题而进行的一种有针对性和实践性的学习，能够平衡学生的需求、课程和特定学习情境的学习标准之间的关系，有独特、优良的教学价值。根据模式的定义，可以看出 PBL 模式主要有以下特征与优势。

表 4-2 PBL 模式的特征与优势

特 征	优 势
1. 是一种以学习者为中心、学习小组为单位的教学模式	1. 强调有意义地学习，而不是对事实的简单记忆
2. 教师是组织者、合作者、引导者	2. 问题驱动知识和能力的运用，促进更深入的了解，更好的能力发展
3. 创设开放性的教学环境	
4. 把问题作为教学的组织中心、学习的驱动力及学生能力发展的手段	3. 通过解决问题，增强学生的自主学习意识
	4. 小组合作学习，充分体现人际交往能力和团队协作能力
5. 问题是真实的、结构不良的、开放的、有意义的	5. 开放的学习环境有利于形成自发的学习态度
6. 在问题解决的过程中获得新的知识、发展能力	6. 师生间、生生间的关系更融洽
7. 注重过程，真实的、基于绩效的评价	7. 学习水平提高了

4. PBL 模式与传统教学模式的比较

PBL 的教学综合了协作学习、发现学习、自主学习以及范例学习等多种学习方式的特点，与传统的教学模式相比，在教师、学生、教学策略、媒体、评价方式、学习环境等教学的要素方面都发生了深刻的变化。

二、PBL 模式的理论依据

教育学、心理学的发展，为 PBL 的教育、教学改革提供了一定的实践指导和理论支持，下面将从教育学基础和心理学基础上与 PBL 联系较为紧密的布鲁纳的发现学习理论、创新教育理论、杜威的实用主义教育理论以及建构主义学习理论四个方面进行概述。

1. 布鲁纳的发现学习理论

20 世纪五六十年代，美国知名心理学家布鲁纳提出了家喻户晓的发现学习理论，发现学习中教师和学生的角色有了很大的改变，其强调教师不是知识的陈述者和解释者，而应成为学生的助手和问题的提出者，帮助学生理解学科的思想和结构。学生应该是思考者、发现者，能在教师的启发与引导下利用教师或教材提供的材料亲自去发现问题的结论、规律，了解学科知识的结构。

布鲁纳认为发现学习是一种情境性的探索学习，具有以下几个特点。

第一，发现学习就是引导学生发现自己想法的过程，运用自己的思维去学习。

第二，学生自主建构知识，使知识成为自己的知识，教师应帮助学生把新知识同已有的知识结构建立联系，利用已有知识结构去建构新知识、发现新事物。

第三，自我激励式的学习，注重学生的内在动机，唤起学生主动建构的热情。

第四，采用共同建构的假设式教学，教师和学生相互合作、交流，学生积极地参与各种活动，在师生、生生合作中主动建构知识。

从发现学习的内涵、特点可以看出发现学习与 PBL 具有很强的联系，二者都强调学生积极主动参与建构自我的知识结构，要求教师不仅仅是简单地传授知识，而应该给学生提出问题，同时指导学生运用发现学习法或 PBL，让学生自己获得解决问题的策略、解决过程的理解。综上可知，布鲁纳的发现学习理论对有效地落实教学具有关键的理论和现实的指导意义。

2. 创新教育理论

创新教育是以培养人的创新意识、创新精神和创新能力为根本目的的实践教育，在学生综合能力的培养中强调创新素质的重要性。问题是知识向创新转化的中介，是创造的必要非充分条件，没有问题就没有创新，要保护和发展学生的创新性，首先要强化学生问题意识的培养，可以将创新教育看作以培养学生问题意识为起点的"问题教育"，始终围绕着问题展开，主要强调发现问题、提出问题、分析问题、解决问题的过程。培养创新型人才需要创新型课堂教学，才有可能把人的创造力最大限度地开发出来，一般来说，创新型课堂的教学有以下五个显著特征。

第一，课堂教学的前提为创新教育思想，并在创新教育观念的指导下，改变传统以课堂、课本、教师为中心的教学观。

第二，以创新为目的，摆正继承与创新的关系，体现创造性。

第三，以学生为中心，体现主体性，为学生提供充分从事教学活动的机会，让学生成为课堂的主人，教师不再是教学的"主导者"。

第四，以问题为中介，体现创新思维，让课堂教学始于问题，归于问题，让问题成为贯穿课堂教学过程的主线。

第五，以开放为特征，体现生命力，主要表现在教材和教学过程的开放，打开学生的思维。

从创新教育的本质及创新型课堂的特征可以明显体会到它与 PBL 理念的相似之处。PBL 教学模式具有创新型课堂教学的上述特征，改变了传统封闭式的学习环境，其教学活动富有开放性和实践性，学生是课堂的主人、活动的主体，让学生经历发现问题—分析问题—解决问题—发现问题的过程，来培养学生自主获取知识、运用知识和创新知识的能力。

3. 杜威的实用主义教育理论

近代美国知名的实用主义教育家杜威强调教育的社会必要性，要以社会生活为基础，反对以课堂、教材、教师为中心，鼓励把学生置于问题情境中，并帮助他们探究，他的实用主义理论直接支持了教学的发展。具体地说，包括以下三个方面。

第一，以学生为中心。杜威的理论中重视学生的主体地位，强调学生自身所具有的能力和主动精神，主张要细心地观察学生的兴趣，反对传统教育忽视学生的兴趣、需要的做法，认为教育应以学生为起点，教师扮演的是"合作者、帮助者和引导者"的角色。

第二，以社会为中心。依据杜威所持的"学校即社会"的观点，他选择与社会、生活、科学相关联的信息作为教材内容，创设一个社会性的开放结构作为课程结构。他认为书本上或者是教学中直接传递的知识为"惰性知识"，不应该成为学生学习的知识，只有在具体、真实的问题情境中去学习，知识才能被灵活运用，富有实用价值。

第三，以活动为中心。杜威重视实践应用，认为学生是社会化的积极学习者，所以教学应以活动为中心，含情境、问题、假设、推理、验证五大要素，应唤起学生的求知欲与兴趣，促进他们学习，培养学生各方面的能力。教育是一种社会过程，而学校是社会生活的一种形式。

综上所述，可以明显地看出杜威的教学思想与 PBL 的联系，杜威的教育理论直接支持了 PBL 教学的发展，同时也突出了 PBL 的特点，可以说它为 PBL 提供了哲学基础。

4. 建构主义学习理论

建构主义是认知学习理论的新发展，被视为对传统学习理论的一场革命，对当前的教学改革产生了十分深刻的影响。建构主义主张以学生为中心，重视学习的主动性、社会性和情景性，强调教师与学生之间的交流协作。在知识观上，强调知识的动态性以及情境性教学。主张知识的吸收该依赖学生结合个人经验背景的基础上自主建构，应结合具体情境深化了解知识的复杂性。反对简单地把知识当作固定的东西灌输给学生，这样导致的结果是学生仅仅是教条式的掌握。

在学生观上，建构主义强调学生经验世界的丰富性和差异性，认为学生在过往生活、学习的经历上已形成了丰富的经验，因此他们在学习新知识时，对一些现象、问题几乎都有了自己的一些看法，并不是毫无基础的。而有些问题即使他们尚未接触过，无现成的经验，但面对问题时，他们往往能在以往的相关经验基础上形成对问题的某种合理的解释或推理。同时，在经验背景差异性的影响下，学生对同一问题会产生多种不同的看法，当他们共处于一个学习小组时，通过相互间的交流沟通，能促进他们多角度地理解、分析问题。所以，教师应该重视学生已有的经验的丰富性和差异性，并以此作为新知识的拓展点，引导学生从已有的知识经验出发不断提升自我。

在学习观上，建构主义强调学习的主动建构性、社会互动性和情境性。认为学习是学生主动建构知识的过程，而不是教师对知识简单的传授，教师的作用只是促进学习者自己建构知识而已。建构主义认为学习是通过对某种文化的参与、内化为相关知识和技能的过程，这一过程通常需要一个学习共同体的合作互动来完成，学习共同体的交流、互动和协作对知识建构具有重要的意义。同时强调学习、知识和经验的情境性，即情境认知，认为知识是不可以脱离活动情境而抽象的存在，应该与情境化的社会实践活动结合起来。

综上所述，建构主义强调学生是自己知识的建构者，对具体情境进行意义建构，建立新的知识网络，重视学习活动中学生的主体性，师生之间和学生之间的协作、交流，主张建立一个民主、宽松的教学环境。"情境、协作、交流、意义建构"作为建构主义教学模式的四个基本要素，这也正好是 PBL 模式的特征体现，因此可以说建构主义理论是 PBL 最强的理论支撑，为其提供了理论基础。

三、高中化学教学中应用 PBL 模式的优点及基本原则

（一）高中化学教学中应用 PBL 模式的优点

1. PBL 教学体现高中化学教学目标

仔细分析教育部颁布的《普通高中化学课程标准实验》可以发现，课程改革的目的是迎合时代发展的需要培养高素质的人才。高中化学课程改革的目标更加全面，不仅停滞在学生掌握知识与技能的层面上，更注重学生学习化学的兴趣，重视学生科学素养、正确价值观及实践能力的培养。新课程的教学目标具有发展性，关注学生的未来发展，强调学生自主学习、合作学习、终身学习意识的培养。

PBL 教学强调以学习者为中心，通过创设开放性的学习环境，让学生充分参与化学教学活动，不仅能激发学生的学习兴趣，也有利于学生的个性发展。解决问题过程中的相互协作、自主思考，有助于培养学生的情感态度价值观，促进综合能力的培养。PBL 以问题作为学生学习的驱动力，围绕问题这个中心创设和谐、民主的教学环境，提供更多的、有意义的、适用性强的相关教学资源，使学生参与到有意义的学习中来，有利于提高学生的

科学素养。综上可以看出，高中化学教学目标与 PBL 教学目标大体上是一致的，了解并把握好上述目标对学生而言意味着学会求知、学会共同生活、学会做事、学会生存。

2. PBL 教学体现高中化学内容的特点

课程改革的一个根本目的就是要解决学校教育与社会生活、生产以及科学发现严重脱钩的问题，从而提高学生的综合素养、科学素质。化学是一门应用性很强的学科，和日常生活、工农业生产的联系十分密切，从解决实际问题开始组织教学是可行的。例如，从学生日常生活中见到的"钢铁腐蚀及防护问题"及接触到的"溶液"开始，从工业生产中"合成氨的实际转化率和如何提高转化率"以及"金属冶炼"开始，等等，要安排课程内容，课堂教学需从学生解决这些及其他一些日常生产生活中遇到的实际问题开始，让学生去发现问题、提出问题、收集信息、设计方案、解决问题并得出结论，教师应及时给予学生适当的方向性的指导。高中化学内容涉及很多的概念、原理、规律等，往往因其高度的概括性、抽象性，使学生感到枯燥乏味、晦涩难懂，从而难以入手，影响了学习的情绪。因此，可把学生所要学习的知识与他们周围的现实生活联系起来，从中发现问题，最后确定需要解决的问题。为使教材更加生动活泼，新课程改革后在高中教材中设置了大量的探究课题，强调改变传统教学中学生被动接受知识的状态，鼓励学生主动地探究学习。所以可以以问题为突破口，以学生为主体，让学生收集资料，设计相关的探究实验，有利于知识的迁移、运用，为真正改变教材与实际生活的脱节提供可实现的具体途径。

3. PBL 教学符合高中生的学习特点

在高中阶段，学生的认知结构发展基本完整，认知能力不断完善，思维能力更加成熟，能脱离外部表现的束缚，通过现象揭露对象的本质特征。考虑问题，能多角度、全方面分析，明辨主要问题与次要问题，能考虑到各种不同情况，做到具体问题具体分析。

在高中阶段，学生的抽象思维、逻辑思维、辩证思维快速发展，其能力大幅度提高，思维更具目的性、方向性，思维过程更加灵活。能用多种法则、公式、原理去解决新问题，能运用理论假设进行思维，遵循提出假设、设计实验、验证假设的一般过程解决问题。

高中学生生活经验丰富，生活常识与科学知识逐渐积累，能更深刻地了解事物之间的内在联系，思维具有更强的预见性，迁移运用能力增强，能产生更多不同的想法。同时高中生能有意识地进行自我反省、自我控制，促进了思维的正确性、高效性。

高中阶段学生思维、认知的特点，自我意识的发展以及丰富的生活经验，都表明 PBL 学习对高中生来说具有巨大的应用空间。

（二）高中化学教学中应用 PBL 模式的基本原则

1. 主体性原则

PBL 模式强调在化学教学中要充分重视学生的主体地位，从问题的发现到问题的解决这一过程都要求学生主动参与。学生是问题的解决者和意义建构者，教师只是扮演问题解决过程中的引导者和协助者的角色，提供学习材料，引导学生学习，监控整个学习过程，使化学教学顺利地进行。要提倡师生间、生生间的交流与合作，充分发挥班集体促进学生主体性发展的作用。

2. 全面发展性原则

化学教学要促进学生的全面发展，PBL 模式在应用时，要充分重视从学的角度思考教学问题，关注学生主体性、创造性、自主性的全面协调发展，让学生在获取知识与技能的同时思维、能力、情感都得到培养，在教学中实现学生自身的全面发展。

3. 情境建构性原则

PBL 是基于真实问题情境的学习，让学生在有意义的、复杂的、真实的情境下学习，同时为他们提供相关的材料，在学习过程中给予及时的指导。问题是学习的开端，所以问题情境的构建对教学的顺利进行及教学的有效性起着决定性作用。化学是一门以实验为基础的学科，并且与社会生活、生产息息相关，教师应以化学内容及其特点为基础，以生活生产实践为背景，创设真实的问题情境，使知识问题化，问题情境化，学生由疑问而提出问题，产生求知欲，进而解决问题，从而深入地理解教材。在问题情境的互动教学中，每个学生在原有的知识经验的基础上不断将知识与技能、过程与方法、情感态度与价值观整合在一起进行自主建构，从而实现学生各方面素质的协调发展。

4. 预设性与生成性相融合的原则

在化学教学中运用 PBL 模式，更加注重学生的主体地位，强调师生间、生生间的交流与协作，这导致互动的过程中会产生许多无法预期的结果。再好的预设与课堂实施之间也必然存在着一定的差距，当教学过程中有偶发事件时，教师应把握课堂教学中的亮点，根据实际情况进行灵活、积极的引导和指导，推动教学的动态生成，使教学更加灵活机动。所以要有效地实行高中化学教学，必须做到预设与生成的有机融合并且及时反思，使二者相辅相成。

第二节 高中化学开放式课堂教学模式

"这是怎样的一个时代，这时代又需要怎样的人才?"《国家中长期教育改革和发展规划纲要（2010—2020 年）》（简称《纲要》）这样描述今天我国发展的客观情况："当今世界正处在大发展大变革大调整时期。世界多极化、经济全球化深入发展，科技进步日新月异，人才竞争日趋激烈。我国正处在改革发展的关键阶段，凸显了提高国民素质、培养创新人才的重要性和紧迫性。"而什么是创新型人才，如何培养创新型人才，就是教育发展必须思考和回答的问题。关于什么样的人才是创新型人才，国内外学者对此问题的看法并不完全相同。但其思想的基本内核大致相同，创新人才是与常规人才相对应的一种人才类型，是具有创新意识、创新精神、创新能力并能取得创新成果的人才；其基础是人的全面发展；其培养的前提是个性的自由发展。因此，《纲要》指出坚持以人为本、全面实施素质教育是教育改革发展的战略主题，培养目标要做到三个坚持：坚持德育为先、坚持能力为重、坚持全面发展。时代的发展要求教育做出相应变革，也必然对学校教育中的课程提出新的要求。就化学学科而言，著名科学家 R. 布里斯罗曾说过："化学是一门中心的、实用的、创造性的科学。"由此可见，通过化学学科的学习，可以让学生体验到探究的乐趣，掌握科学研究的方法，培养学生的创新精神和实践能力。创新性活动是开放性的，创造性思维是发散性的，开放性的教学模式才能培养出发展性的创新型人才。因此，高中化学开放式课堂教学模式的研究，就其教育哲学的逻辑内涵和教育功能的应用外延，都有着天然的合理性和广泛的发展性，对新课程改革具有重要的实践价值和指导意义。

一、高中化学开放式课堂教学的内涵

对化学教学来说，培养逻辑思维能力是重要的，但只有逻辑思维能力是远远不够的。如果说"逻辑思维"是收敛的、封闭的，那么"创造性思维"必须是发散的、开放的，开放式的化学教学，则是有效地将二者整合为一的关键性方式。

（一）化学开放式课堂教学的内涵界定

开放式教学是与封闭式教学相对的，而"问题"又是化学的核心，以开放性问题来引导开放式课堂教学是化学学科的基本特色。因此，化学开放式课堂教学是指在化学课堂教学中，以"开放性问题"为教学内容，以开放性思维为培养目标，以开放性活动为培养方式的一种课堂教学形式。

其开放包括教学目标的开放、教学内容的开放、教学过程的开放、教学方法的开放、师生关系的开放、教学环境的开放、学业评价的开放。化学开放式教学是一种教学理念、一种教学文化、一种教学形式、一种教学艺术，它具有民主性、动态性、创造性、合作性的特点。高中化学开放式课堂教学模式有两层含义：一方面是指课堂教学要为学生创设一个有利于群体交流的开放的活动环境；另一方面是让化学学习活动成为一个生动活泼而富有个性的过程，给学生创新思维提供更广阔的天地，得到更充分的发展。

（二）化学开放式课堂教学的内涵释义及要素分析

开放式教学应有三个基本特征：其一，学生与化学活动融为一体；其二，学生的活动是开放的；其三，问题本身是开放的。因此，开放性化学教学，是在开放的人文环境中创设有利于学生探索学习、合作交流的开放性问题情境，在开放的问题解决过程中，学生在已有的认知基础上通过有效的教学方式，使不同水平的学生在不同的层次上得到相应的发展，获得不同的学习和情感体验。开放式教学的内涵包括以下七个方面。

1. 教学目标开放

由于学生化学学习能力和水平的差异，教学目标不能追求完全的统一，其理论内涵是人本主义心理学的教学观念。其开放性体现在两个方面：其一，群体的开放性，整体的三维目标设计本身就应该具有一定的开放性，也就是说教学目标整体应该是动态的，是可以在教学中适度调控的，如果在教学中大多数学生无法达到，教学目标可以随之降低，反之亦然。另外，教学目标还要具有一定的延伸性、发展性，可以促进学生课后反思，为其后续发展预留空间。其二，个体的开放性，按照我国现在的实际教学情况，还不能为每一个学生设计一个教案，设定一个个性化的教学目标。但是在教学目标设计时要考虑不同水平学生的学习要求，教学目标设定要有层次性。但是无论对于哪个层次的学生，为他们设立的目标都应在他们的最近发展区内，实现每一位学生的个体性发展。

2. 教学内容开放

虽然教学内容的基础是课本，其体系和知识元素是相对固定的，但是教学呈现内容的方式是开放的，呈现的角度是开放的，知识元素是可扩展的，外延是开放的，这是后现代主义的课程观和建构主义的表达。首先，从宏观设计的角度，化学教学的内容既要强调终身学习必备的基础知识和基本技能的掌握，也要加强课程内容与学生生活以及现代社会科技发展的联系。其次，从课堂教学的角度，教学要根据学生掌握知识和能力发展的情况，对教学内容的适当伸缩要体现一定的自主性和开放性。

3. 教学过程开放

教学的发生发展总是在动态因子的组合中进行的，因此教学过程应当是开放的。教师为激励学生主动参与教学活动，将时间和空间让给更多学生，鼓励他们动手实验去探求事物的本质。在活动的过程中师生互动、生生活动，使不同层次的学生都参与其中，并不是为了追求外在的开放、形式的开放，而是让学生愉快学习和积极参与。

4. 教学方法开放

教学方法的运用和研究必将是开放的，只要能激发学生的主动性，使用任何方法都可以，这是化学教育哲学的思辨。各种教学方法之间应是相互开放的，要求教师灵活运用各种教学方法和教学手段对课堂教学进行动态调控。

另外，教学中适当运用计算机模拟与化学实验相结合，促进学生问题现象与本质的探究。大多数学生对信息技术的引入和化学实验很感兴趣，希望多开展这样的教学方式；学生发挥学习中的自主性、主动性和创造性，学习方式也是开放的，可以小组学习或个别参与等多种方式有机结合。教师做好宏观的调控和微观协调的工作即可。

5. 师生关系开放

开放式教学需要建立民主、和谐、平等的师生关系，其核心是后现代主义的主体论。这种开放的关系既强调教师在教学过程中的主导地位，又要求尊重学生在教学活动中的主体地位。教师与学生一起探索，分享经验与成果，引导学生、信任学生，让学生真正成为课堂的主人，既要通过课堂教学来推动学生的智力发展，又要通过学生的发展来促进教师课堂教学。教师不再"一言堂"，学生敢于发言、创新。

6. 教学环境开放

其包括教学时间和教学地点的开放、学生心理环境的开放。由于班级授课受课堂时间的限制，往往不能透彻地完成某些教学内容的探索过程，化学课本身具有实验方面的特色，我们应将教学时间和学习环境进行适当的开放，走进实验室、走进大自然。除了教学过程的开放，还可以开放课前和课后。学生课前预习课后及时巩固，教师可以布置开放性的题目，让学生有选择性、有目的性地学习。

7. 教学评价开放

对于教学评价，应从学生的课上学习情况，课后作业情况，师生互动，生生互动情况，学习的投入情况等方面进行评价。这样才能体现教学评价的开放性。

二、高中化学开放式课堂教学模式

（一）高中化学开放式课堂教学模式的建构原则

根据新课程改革对高中化学开放式课堂教学提出的新要求，结合化学开放式教学的理论基础和基本内涵，高中化学课堂开展开放式教学应遵循以下五项原则：

1. 开放性原则

这是开放式教学最直接、最本质的原则。这种开放是全面的开放，从思想到行动，从课上到课后，从教学到评价，努力形成一种开放、弹性、多元的动态体系。教学目标应是弹性的，教学过程应是动态的，教学内容应是开放的，教学方法应是多元组合的，教学结果应是多样的，学生发展应是多种取向、多种可能和多种机会的，教学评价应是多维的。

2. 主体性原则

一方面，开放式教学的核心是促进教师和学生的双向发展，使其能准确定位和执行自身角色功能。教师处于主导地位，营造开放性环境，实现学生主体性，促进每个学生的发展。另一方面，学生在开放环境中思维被激发、扩展，可以有效刺激教师自身的教学反思，为教师提供更生动的教学案例，更丰富的教学经验，更广阔的教学触角，更多元的教学思维。

3. 过程性原则

过程性原则是在教学过程中师生共同参与，充分体现化学思维过程的原则。在教材中，一些结论都是前人总结的结论和定理。我们在第一次接触时也可以像前人一样去推理得出结论。教师着力引导学生多思考、多探索，让学生学会发现问题、提出问题、分析问题、解决问题，亲自参与到问题的真实活动中。在引导学生参与活动的过程中，学生通过动口、动手、动脑亲自体验过程。实践证明，这种参与方式对学生认知的发展将会产生深远的影响，才能促进学生思维品质的提升。

4. 探究性原则

在开放的条件下，学生提高了独立思考能力，适合全体学生知识水平和认知结构特点的探索性问题出现了，有了善于为学生创设问题情境、解决问题的方法，就会激发学生的情感，激励学生主动表达自己的认知和见解、想法，突出对学生发现问题、解决问题的能

力培养。

5. 合作性原则

开放式教学的目的并不是片面强调学生个体的发展，而是强调群体发展中的个体突破。课堂教学必须发挥集体的作用，在合作中才能构建真正平等的氛围，才能提供真正开放的环境，而且合作能力本身就是开放式教学培养的核心目标及核心方法之一。

（二）高中化学开放式课堂教学模式的基本环节解析

1. 确定开放目标，创设问题情境

问题情境是指个体意识到的一种有目标，但又不知道怎么实现的心理困境。问题情境是一种内心状态，一种当学生感知到的学习内容与其原有认识水平冲突，对疑问急需解决的内心活动。从定义上分析，它具有三要素：未知的事物（目的）、思维动机（如何达到）、学生的能力水平（觉察到问题）。心理学研究表明，个体都具有弥补知识空缺、解决认知失调的本能性反应。学生具有了学习新知识的渴望，就能促进其学习中的各种活动。所创设的情境必须是学生现有能力有可能达到的，这样才可能引发有效的思维和成为探索的开端。问题情境的有效设置能引起学生认知的失调，为有效的课堂探究提供保障，而问题情境的设置必须生动有效才能激发学生探究。教师在教学活动中，有效地、有意识地创设问题情境，激起学生探究事物的愿望，引导他们体验解决问题的快乐，提高其创造思维能力。问题情境具有强烈的吸引力，能激发学生对学习的渴望，使学生自我效能感提高，促进学生养成自主想象的思维习惯。而情境创设的依据是教学目标，而有效的情境创设有利于激发学生的问题意识。新课程三维目标体系为开放式教学目标，教学目标的设定也直接影响教学内容的选择和问题情境创设。

（1）知识性目标及情境创设原则。

英国著名的课程理论学家劳伦斯·斯腾豪斯关于知识的性质和价值的观点认为"知识与信息不同，它是一个结构，支撑着创造性的思维并提供判断的框架"。知识提供的是思维的原始材料，使人们可以运用它来思考。知识的价值在于作为思考的焦点激发各种水平的理解，而不是作为固定的信息让人接受。

教育最原始的责任是传递知识，教育的"核心"目标是"教育意味着把有价值的东西传递给那些参与教育的人"。因此，传递知识是教育的第一属性。教学目标的实现并不是完全靠教师个人的教学行为，而是必须在与学生合作的条件下才能完成。

从教学内容本身来看，知识体系并没有很大的改变，但是教师对知识内容的解读和理

解方式必须发生相应的改变，也就是改变教师对知识的理解视角，打破原有对知识信息化的理解。知识虽然是以传授的形式进入课堂，但是它所扮演的角色不再仅仅是讲授的内容课程的信息主线，而是课堂探究的引发剂，是贯穿课堂的信息主线和活动主线。因此，教师在准备课堂教学内容的时候必须考虑到"如何创设情境、引发疑问"这个问题，也就是找到知识本身的"疑问点"，必须做到使学生"有疑而问，而不是无疑而问"，而课堂教学中开放式问题设计更是教学设计的核心。

知识情境设置应注意"多维性原则"，知识本身是一维性的，虽然化学课堂教学的具体内容是有课标规定的，但是对学生而言都是新的知识，所以学生内部的认知动机都是一样的，对获取新知识都能起到正向推动作用。因此，教师在挖掘知识内涵的时候应当注意到学生现有知识结构认知水平的状况，合理选题。另外，知识点"引发性"要好，并不是一个难度适中的知识就能引发学生良好的问题意识，开放式教学的目的不仅局限于思维训练，还取决于实践能力、情感体验等诸多要素。

知识情境设置应注意"多维性原则"，知识本身是一维性的，也就是只能体现其自身的信息性。如果开放式教学中教师只注重知识本身，那么教学过程就只能是知识的传递过程，教学的教育效能就大大降低了。所以在进行教学设计时选择知识情境就必须注意到教学其他各方面的要求，在知识情境的设置中就应当加入行为、过程、情感等因素，从而丰富教育情境的活动因子，增强教育的有效性。

（2）行为性教学目标及情境创设原则。

开放式教学中行为的因素被大大强化，充分鼓励学生在课堂展开广泛的交流。所以，行为能力的培养不再是教育的影响因素，而成为教育必须实现的教育目标。只有通过学生交流活动才能有效地将所学的知识转化成能力，知识建构才能更有效地完成。

教学中行动的意义不单单使学生的思维更加活跃，使学生产生更高的思维活性，而是通过行为使学生获得相应的能力，形成相应的素养，养成相应的意识品质。教学过程中行为内容的选择，要根据知识内容中渗透的相应的实践能力来确定，并以此刺激学生的感知以更好地获取知识进行建构。知识体系有其建构性，行为能力依然有其建构性，实践能力的养成也是一个螺旋上升的过程，是在一定行为能力的基础上继续建构的。因此，教师在教学中不但要强调化学逻辑分析等行为能力的习得，也要强调化学行为能力的建构，使学生养成的行为能力不是孤立的单个技能，而是有效的行为整体，这样的能力才是有意义的。

（3）情感性教学目标及情境创设原则。

在教学目标中考虑意识情感的因素，就是通过现代化的教学理念与教学技术的有机整合实现既教书又育人的教育目的。情感教育的实现可以将知识能力升华为一种精神动力，反向激发更有效的知识学习和能力养成，为学生知识能力的更有效发挥提供内驱力的保障。

通过对知识的探究和行为过程的实践，要让学生在这个过程中获得相应的情感体验，这是从学习的外部条件向内部动因转变的关键性过程。教育的目的不仅仅是让学生获得相应的知识技能，这种技能要发挥效力，必须使之转化成必要的能力，而要使这种效力发挥良好的作用就必须使之以意识的形式固化，这样教育才真正起到了"教书育人"的作用，也为学生的自身发展奠定了良好的基础，为教育向良性的循环提供了方向。

第一，注意过程体验中的自我养成。在情感教育内容实施过程中，教师应当力争让学生自主发现、自主总结、自主养成，不是通过形式化的说教，这样反而会使学生产生厌学心理。保证学生的自主发现，就必须在教学方法的选择和实施上认真考虑。

第二，创设真实的体验情境。教师应当在教学设计中让学生在获得相应的化学学习情感体验的同时，让学生体会到具有这些品质的意义。所以教师不但要为学生提供真实的情感养成情境，还要为学生提供相应的应用情境，促进情感的内化。

第三，提供有效的言语指导。有效包括促进性和实效性两个层面的意思。所谓促进性就是教师的指导是为了使学生更好地发展，所以教师应当考虑学生的自身情况，实现有效的换位思考，为学生的发展提供帮助。实效性是教师应当注重言语指导的时机，不是在所有时候都要提供指导，也不是说指导等同于讲授，"有效的指导并不意味着让学生马上理解"。有效的言语指导的真正意义是"引导"与"激发"的作用，以使学生有效地完成探究过程，但应当注意"有效"不意味着"顺利"。

2. 设计开放问题，展开自主探索

开放问题的设计不是一元性的，而是学生与教师要共同参与，教师编制出开放问题呈现给学生时，学生要对其进行自主探索，并可以修正改进开放问题的内容，这样做到一种双向性的交流互动。教师所提供的开放问题是一个能激发学生思维的学习环境，让学生主动探索，积极思考，促进知识的建构，培养学生的探究批判能力。教师则利用多媒体为学生提供内容丰富、信息量大、具有交互功能的学习资料。教师要在环境中培养学生的思维力，使学生更有效地投入后续的合作探究中。教师在设计开放题时应遵循以下基本原则。

（1）开放性原则。

该原则可以扩展学生的思维空间，让学生模仿，探索创新，开放学生的思维和创造潜力，有利于学生感受、领悟到再生、创造知识的方法和技巧，培养学生的创新意识和能力。该原则要求开放性问题的设计应根据教材内容和学生基础知识的掌握水平，注意避免主观主义的实际情况和人云亦云。

（2）灵活性原则。

该原则有利于学生的思维呈现活化状态，促进学生思维灵活性、敏捷性品质的形成。该原则要求设计时形式要灵活多样、生动活泼、不拘一格。

（3）层次性原则。

该原则帮助学生更深入地思考，运用所学知识并不断地扩大使用知识的范围，提高学生思维的深刻性。该原则要求设计开放题应讲究梯度，根据学生的认知规律及思维特点，由浅入深，拾级而上，螺旋上升，层层开放。

（4）实用性原则。

该原则既有利于调动学生分析、研究、解决问题的兴趣，又有利于使学生体会到知识的实用价值，体验到化学知识来源于生活，又服务于生活，从而促使学生自觉用化学眼光去观察、分析生活中的实际问题，提高解决实际问题的能力，避免学习和运用知识的脱节。该原则要求设计应紧密联系生活实际，多设计一些面向生活的开放题。

3. 合作交流讨论，建构新知结构

开放式教学不但要有开放的教育模式，还要培养开放性的个体，培养学生交往的技能及分享、合作态度，这是一项重要内容。在分享中的彼此激励才能帮助学生有效地看见自己与他人的差异，主动建构自己的知识体系。与个体单独活动及集体活动相比，合作交流对实现这方面的目标具有独特的作用。开放式教学小组活动需要展开积极的讨论，可以帮助学生开放思路，整个学习过程都可以在其中进行：从合作协商修正开放问题，到分工合作分析讨论问题，到交流研讨广泛讨论不同思路想法得出结论，再到共同行动拓展实践意义，最后组内反思评价整合差异性。

4. 反馈调节巩固，强化运用变式

一方面，反馈是课堂教学的一个重要环节，是实现有效控制的主要手段。它是学生深化、巩固所学知识的一个过程，也是教师了解学生掌握知识、发展思维、强化能力程度的一个重要手段。其主要是通过课堂练习的形式，达到开放性的目标，课堂练习应当采取分层次进行的原则，但是课堂教学实践有限层次不能过多，分为三个层次比较适切。A级题针对学优生设计，属发展性试题；B级题针对中层学生设计，属难点性试题；C级题针对学困生设计，是保证巩固课堂所学知识的最基础的习题。不同学生进行针对性练习，并且在保证基础的同时预留一定的发展空间。另一方面，注意化学习题变式的应用。提供概念变式、原理变式加强反馈练习的多元性，也使学生能对所学知识的运用更加灵活，对知识的掌握更加准确。

5. 多维深化拓展，评价作业反思

这一部分首先要求学生反思自己的思维过程，完成知识的思想，总结规律，提取方法。另外，可通过开放式练习题的讨论实现多维拓展创新，还可以通过自编题来实现拓展、创新。自编题是学生在对知识、问题有较深透的理解的基础上才能完成的，它需要综合各方面的知识进行创造性的思考，它是使学生的主观能动性得以充分发挥的有效措施，也是丰富课堂内容的有效方法。

上述五个环节环环相扣，其教学设计呈现出开放性特征：教学题材来自教材、来自生活、来自学生，在情境化中强化学生的问题意识；课堂上教师提供开放问题，学生可以修正讨论，并通过交流合作形成多元化的共性意见；设计的练习呈现条件开放、结论开放、策略开放；结合评价的多种方法，开放性的评价，真正实现开放式课堂教学的开放性、主体性，过程适度，探究合作。

第三节　高中化学有效提问教学模式

一、相关概念界定

（一）提问

"提问"一词在《现代汉语辞海》中被定义为："提出问题要求回答。"而在《现代汉语词典》中的解释是"提出问题来问"，并特别指明提问主要是指教师对学生提问。这里的提问主要指在课堂上教师有目的地提供一些教学提示或向学生传递所学内容相关刺激，以暗示学生做些什么、怎么做，从而引导学生积极参与课堂的活动，主要指课堂中教师对学生的提问，当然也包括在教师引导下学生对老师和同学的提问。

（二）有效提问

"有效提问"的核心是"有效"。在《现代汉语词典》中"有效"一词的解释为："能够实现预期目的，有效果。"所谓"有效"在教学中包含两层含义：第一，对学生"有效"，可以促进学生在知识、情感态度和学习能力等方面的全面发展；第二，对教师"有效"，可以提高教师的教学技能，促进其专业成长。据此，"有效提问"指的是教师在深入了解教学内容和学生实际情况的基础上精心预设问题，在教学中通过创设良好的问题情境，生成适当的问题以引导学生主动思考和参与对话，并能根据学生的反应及时适当地做出评价的过程。

（三）高中化学课堂有效提问

高中化学课堂有效提问是指化学教师依据化学课程标准，深入了解相关教学内容并结合高中学生特有的认知水平，对问题进行精心设计，在课堂教学中通过创设良好的问题情境，选择恰当的发问时机，生成适当的问题以引导学生主动思考和参与对话，并根据学生的反应及时做出适当的评价，最终实现学生和教师双方都得以发展的过程。

（四）高中化学课堂有效提问的特征

高中化学课堂中的有效提问是相对于低效和无效提问而言的。低效的问题一般具有以下几个特征：其一，自问自答，问题形同虚设，没有任何实际意义；其二，选择性提问，比如有的教师习惯性用"是不是""对不对""有没有"等让学生在选择的过程中迷失自我；其三，问题难度不当，问题过易，学生随口说出答案，或是问题过难，学生无从下手；其四，思考时间不足，教师好不容易问出一个质量稍高的问题，但由于留给学生的思考时间不足，没有达到预期的效果，也属于低效的提问。那么，什么样的提问才是有效提问呢？有效提问有以下四个显著特征。

1. 有较高的知识关联度

所谓知识关联度，是指教师所提出的问题和学生已有知识发生联系的程度。有效的问题一般都是教师在对外部现象或材料进行深入观察的基础上，结合学生的已有经验进行分析、对比，再将二者进行充分关联，使之转化为学生有所知有所不知的问题。

比如在探究乙醇的结构时，已经引导学生通过有机物的成键特点"碳四键、氢一键、氧两键"推测出乙醇的可能结构简式：CH_3-O-CH_3 或 CH_3CH_2OH，学生也已经知道金属钠保存在煤油中，而煤油是多种碳氢化合物（C—H），金属钠可以和水反应。此时教师就可以引导学生从形成化学键元素的种类分析：通过"煤油中存在哪些类型的化学键？""水中的化学键类型是什么？""金属钠能与水剧烈反应，却可以安静地被保存在煤油中说明它和哪种类型的化学键会发生反应？"最后提出"对照乙醇的两种可能结构，如何设计实验去验证乙醇的真实结构？"这样通过层层设问，将学生的已知和未知进行充分关联，通过学生的实验探究，最终得到乙醇的真实结构。

2. 有较好的预设明确度

有效提问中问题的指向预设和解答域预设都比较明确。"问题的指向预设，主要是从对象角度，预设某种实体、性质、状态、原因（因果关系）以及命题等存在"；"问题的解答域预设就是问题自身所认定（或假设）的问题解答范围，它指示着解答者到哪个域限中去寻找答案"。无效提问或低效提问往往预设不明确。

比如"二氧化硫为什么能使酸性高锰酸钾溶液褪色？"这个问题，它预设了二氧化硫使酸性高锰酸钾溶液褪色是有原因的，但属于哪方面的性质引起的却没有明确指示。再者它的解答域预设也不明确，要求解答者从作为酸性氧化物具有的通性去考虑，还是漂白性去考虑？抑或是从它的氧化还原性去考虑？也没有说清楚。但如果将问题换成"结合二氧化硫中硫元素的化合价进行分析，为什么二氧化硫能使酸性高锰酸钾溶液褪色？"这样，这个问题的指向预设和解答域预设就明确得多，学生有了明确的思考方向，解决问题也就容易得多。

3. 有较高的信息综合度

较高的信息综合度指的是一个问题的提出要能反映出较多的信息，它不是单一信息的重复，而是多个信息在不同方向的联系。其主要考查的是信息的广度而不是深度。比如，"为什么二氧化硫能使酸性高锰酸钾溶液褪色而苯却不能"这一问题所含信息的综合程度要比"二氧化硫为什么能够使酸性高锰酸钾溶液褪色"高一些。再比如，在进行氯水成分分析的过程中"根据氯气和水的反应，试推测氯水中存在哪些微粒？"就不如这样设问："试从以下实验现象进行分析，氯水中可能存在哪些微粒？①氯水为黄绿色液体；②向氯水中加几滴紫色石蕊试液，溶液先变红后褪色；③向氯水中滴加硝酸酸化的硝酸银，有白色沉淀产生。"然后再请学生试解释："氯水中为什么会存在这些微粒？还有其他的微粒种类存在吗？"这些问题传递的信息量和信息的广度和综合度明显比第一个问题要高。

4. 有较高的思维参与度

有效的问题的解决不仅需要学生有丰富的知识经验，更需要在这个过程中利用他们的逻辑思维、批判性思维等创造性思维的参与，所以有效提问对学生而言一定是一个需要多种思维参与才能解决的问题。即使这个问题不是，那么和这个问题处在同一结构单元中的其他问题一定有这个特征。

比如，在进行苯的性质的教学中，学生通过实验观察可以得出这样的结论：苯在 $FeBr_3$ 的催化作用下可与液溴发生化学反应。至于反应类型，可引导学生进行如下探究："结合学过的有机反应类型进行猜想，并写出可能的化学反应方程式""对比所写的化学反应方程式分析其反应特点，并比较它们在反应产物上有什么不同""如何设计实验方案探究该反应的究竟是何种类型"，通过一系列问题的设计，一步步指引学生去思考，教会学生思考问题的方法并引导学生设计实验去探究。在这个过程中，学生的思维被一连串的问题所激活，思维参与度明显提高。

二、高中化学课堂中有效提问的实施策略

1. 有效问题设计的策略

（1）选择适合的问题类型。

提问的目的是促进学生课堂的主动参与，实现课堂的教学目标，最终促进学生思维的发展，培养其终身学习的能力。不同类型和层次的问题对学生能力培养的作用是不一样的。现代教育学的研究告诉我们：高认知水平的学习活动更可以刺激学生思维的发展，因此在具体的操作过程中，教师可根据每节课的教学任务，将教学过程分为若干个教学片段，针对每个教学片段，从方法、技能等多方面着手，至少涉及一个核心的高认知水平的问题，再随机安排一些随机提问。

比如，在讲解乙烯的化学性质时，学生通过观察可以熟练地描述出乙烯的颜色、状态、气味、密度等，但对乙烯的水溶性缺乏感性的认知，教师就可以这样设问：如何通过实验探究乙烯在水中的溶解性呢？这种提问在突出重点的同时，还可以从方法和过程的角度促进学生对知识的整体把握，促进其思维的发展。

（2）控制问题的难易程度。

在具体教学中，首先需要教师充分了解学生的生活经验、兴趣爱好和已有的知识和认知发展水平，在学生的最近发展区设问，让学生"跳一跳，摘到桃"，问题不难也不易，这样才能使学生永久保持一种对问题的探索心理，促进学生思考。其次对一些难度较大的问题，教师还可以通过一定的策略和方法降低问题的难度，比如说，在问题提出之前可以设置一些台阶式或是搭桥式提问。如在讲解为什么往 $FeCl_2$ 溶液中滴加 $NaOH$ 溶液时，会

看到白色沉淀迅速转化为灰绿色至红褐色时，为帮助学生思考可设计如下一组问题：红褐色沉淀是什么？在这个过程中铁元素的化合价变了吗？发生了怎样的改变？那说明在这一过程中 $Fe(OH)_2$ 被氧化了还是被还原了？被谁氧化了？学生自然会想到是氧气。最后再深入提问：你知道还有哪些试剂可以实现这一转化？转入实验探究部分，学生自然也就跃跃欲试。这样，不但顺利地解决了问题，而且巧妙地引入下一个知识点，同时对学生的思维能力的养成也有帮助。

2. 安排好问题的层次结构

布鲁姆（Broome）的问题分类标准按照认知水平由低到高依次将问题分为知识、理解、应用、分析、综合和评价 6 个层次。问题本身并无有效无效之分，只要教师应用得当，都可以是有效问题。具体操作时教师可以根据教学目标、教学内容和学生的认知水平，合理安排各类问题呈现的顺序和所占的比例。一般情况下，教师都是按照循序渐进的顺序进行提问，首先用一些低认知水平的问题（知识水平的问题）了解和诊断学生对相关知识的掌握程度，其次利用一些应用水平的问题，考查学生对相关知识的理解应用情况，最后通过分析、综合、评价等高认知水平的问题来最终发展学生的思维能力和批判精神。另外，考虑到提问的最终目的是发展学生的思维能力，可以适当增加高认知水平问题所占的比例。

3. 创设适宜的问题情境

根据建构主义理论，学生的学习活动总是在一定的情景中产生的，脱离了一定情境的问题是很难吸引学生的注意力，引发学生去思考的。因此在课堂教学中，教师就要想方设法地对问题提出的情境进行创设，使问题能直观、鲜明地呈现到学生的面前，激发他们的认知冲突，调动他们的思维积极性。在具体的教学中，教师可以运用自己的"发现之眼"，从生产生活中、从化学史实中、从丰富多彩的化学实验中，同时结合多媒体信息技术进行情景的创设。

三、有效提问实施的策略

教师精心设计的问题，在课堂上能否真正发挥其预期的作用，在很大程度上还取决于教师的提问水平，这主要涉及提问时机和提问对象的选择，同时与教师在课堂上提问的速度和学生回答之后，教师面对学生所给出答案的处理方式和方法也有很大的关系。那具体在问题提出环节教师需要注意的是：

1. 提问时机恰当

孔子曰"不愤不启，不悱不发"，说的是课堂提问必须把握适当时机，依照教学的进程发展和学生的思维过程提出问题。学生在遇到问题的时候，往往习惯用原有的方法和经验去解决，这就是思维定式。解决问题我们需要思维定式，但是在遇到原有的习惯方法解决不了的问题时，或是在遇到思维的"瓶颈"时，就需要教师及时提问，通过一系列启发性的、有层次的问题帮助学生从不同的角度或深度解决问题，提高学生分析问题、解决问题的能力。

2. 面向全体

提问过程中学生的最大参与度是课堂有效的重要指标，在提问的实施过程中教师可以从叫答方式的选择、提问对象的确定和理答对象三个方面保证学生的最大参与度。

叫答方式是指教师提出问题之后选择学生作答的方式。常见的叫答方式有提问前指定某一学生进行回答、提问后叫自愿举手的学生回答、提问后学生齐答、教师自问自答等。实践证明，教师应尽量采用先提问再叫答的方式，以保证提问后全体学生都进入思考的状态。对回答问题学生的选择，教师也可以不仅局限于举手的学生，还可以根据问题的难度和对学生的了解选择没有举手的学生回答，并在他们回答正确之后给予适当的鼓励。这样不但给了这部分学生展现自己的机会，增加自我效能感，而且可以保证课堂提问学生的最大参与度，增加了课堂提问的有效性。

提问对象是指提出问题后教师选择问题的回答者。在课堂提问中，教师应该依据问题的难易程度，将问题分层次地分配给不同层次的学生，做到"因人施问"或是"带问寻人"。基础较差的同学可以回答难度较小的问题，重点是让他们体验成功的欢乐，提高其自信心和学习的兴趣；基础较好的同学可以分配难度较大的问题，鼓励他们运用多种方法，从多角度对问题进行思考，以提高他们的综合分析能力。这样分配可以使不同层次的学生都有机会参与到课堂教学中来，都能体验到成功的快感，从而使课堂提问发挥出更大的效果。

理答对象是指教师在评价反馈时面对学生的范围。学生回答之后，教师要针对学生的回答做出适当的评价和反馈。教师的评价需要针对学生回答的具体内容，但是在针对这个问题进行反馈时，就需要调整对象，面向全体学生进行了。学生的回答多数情况下体现的不只是他一个人的看法，其他和他有类似或不同想法的同学教师也要关注到，只有这样才能体现素质教育的"全体性"。所以，在进行反馈时教师要面向全体，使每一位同学都能参与到提问后的延伸和引导环节中来，提高课堂提问的参与度，保证课堂有效提问的实施。

3. 及时判断评价

对学生的回答做出及时准确的判断和评价，是保证课堂有效提问的关键，在具体实施的过程中教师可以从以下几方面加以注意。

（1）评价语言激励性。

教师在评价时，要坚持以表扬为主，多用激励性评价，即使回答错误，也要努力挖掘其中的闪光点，给予其某一方向或是某种程度的肯定，用激励性的评价把学生唤回对问题积极思考的课堂氛围中来。特别是当课堂上出现了一些独到的见解或是创新的问题时，教师一定要给予肯定和表扬，并用一些接纳性的或是探究性的评价引导学生进一步思考，比如"这个思路很好，能具体说说你是怎么想到的吗？""这方案不错，你看当进行到这一步的时候，可能会遇到什么问题，怎么解决呢？"鼓励他们提出更多的创意和想法。

（2）评价手段多样化。

在学生回答完问题后，教师可以采取多种方式对学生的回答进行评价，比如，各种语言和非语言的方式。语言的评价可以是口头语言，也可以是书面语言，比如，"你真棒""你的回答让我们对这个问题有了新的认识"。通过这些真切的语言，传递教师对学生肯定和关切的情感。非语言的评价主要指学生回答之后，教师的表情、动作等肢体语言，比如教师一个鼓励或疑惑的眼神，一个点赞或摆手的姿势都可以给予学生适当的鼓励和指引。此外，还可以设立各种奖项不定期评选，如"最佳创意奖""最佳思路奖""最佳表现奖"等，给学生颁个奖，让学生的化学学习更有信心和动力。

（3）评价形式多样化。

对于课堂提问的评价可以是教师对学生的评价，也可以是学生对学生的评价。在学生的评价过程中，教师只要在最后做适当的点评和小结，这样就给更多的学生创造了表达自己观点和想法的机会，不但可以激发学生思维的积极性，还可以激发学生的潜能。虽然学生对学生的评价往往很简单，说不到"点"上，也没有教师评价的那样具体，但是可能更贴切，更易被学生所接受，因为他们的思维水平是一样的。再者，在这个过程中学生也加深了对所学内容的理解，同时可以很好地锻炼他们分析问题和语言表达的能力。

（4）评价尺度多样化。

由于每位学生的层次水平不同，所以对他们的评价尺度也应不同。对成绩优秀的学生要求要高，有表扬也要有鞭策，多提更高层次的要求。如"你的做法其实可以再精练一些"，不能让其骄傲自满，故步自封；对成绩一般的学生的评价要多肯定、多鼓励，让他们感受到教师对他们的期待，如"我相信你能答对，大胆说出来，没问题的"；对成绩差一点的学生评价更要多激励，及时发现他们答题时的闪光点，进行表扬和鼓励，让他们感受到教师对他们的关注与信心，帮助他们克服自卑心理，树立自信心。

4. 恰当反馈引导

反馈指教师对学生的回答进行深入讲解的过程。这里包括两种情况：一是当学生回答正确时，教师可以对其进行适当延伸和追问，或是请其他学生就答案提出更深层次的见解和补充；教师也可以以不同的表述方法重复学生的观点和例证，或是在随后的教学中应用或反复提到学生的观点，使学生看到他对教学的贡献，增强他的自豪感和成就感，使之更努力地投入对问题的积极思考中来。二是当学生答非所问或是回答不出问题时，教师要以合适的方法对学生进行鼓励、启发和引导。启发和引导是由帮助学生给出答案的一系列暗示组成的，当学生回答问题有困难时，教师首先可以通过重复问题去核实一下学生对问题理解是否明确，其次在引导学生对已学知识的回忆和理解的基础上，让其明白解决问题所需的根据和理由，进而应用所学知识解决问题。在这个过程中教师还可以进一步引导学生思考，打开思维，产生新的想法或对其原有想法进行判断和评价。

四、有效反思的策略

是否及时有效地进行反思，是影响教师课堂提问的重要因素之一。在实际调查中发现能及时对每节课进行反思的教师并不多，能专门将提问这一环节拿出来进行反思的教师更是少之又少。教师除了要注意及时反思之外，还可以从以下四个方面加以注意，提高自己的反思水平。

1. 反思时间全程化

传统的观念认为教师的反思时间是在实施课堂提问之后，但是反思的时间可以贯穿在提问前、提问过程中和提问后三个阶段：提问前的反思主要发生在课前对提问的思考和预设上，教师可以在上课前对照有效提问的标准对自己的提问设计进行修正；提问后的反思主要是指教师对课堂上的出彩之处进行分析，并找出不满意的地方进行完善；而课堂提问中的反思指的是教师在提问的实施过程中，针对课堂提问的监控，及时发现并解决提问过程中发现的突发问题。所以，不同的反思时间具有不同的任务安排，教师在提问的实践过程中应注意把握合适的反思时间进行适当反思。

2. 反思形式多样化

教师反思的过程就是一个积极对话的过程：与自我对话，与文字对话，与学生对话，与同行对话……按照教师对话对象的不同，可以把教师反思的形式分为如下三种。

（1）自我反思。

指的是教师与自我之间有关对提问设计的认识，提问过程的监控与思考，提问效果的评价与分析的对话。教师的自我反思可以贯穿在整个提问过程中，主要是以课前预设的效果和评价标准为依据，一般是通过书写备课笔记进行反思，也可以结合录音、录像分析进行更加全面和细致的反思。

（2）通过学生进行反思。

课堂提问真正的服务对象是学生，课堂提问的最终目标也是为了促进学生的发展，这决定了教师在反思时应充分了解学生对课堂提问的反馈意见，主动征求学生对课堂提问的评价。教师可以通过课后找学生访谈，或是编制调查问卷来了解学生对课堂提问的感受和意见，充分发挥学生的主体作用，师生共同努力，提高课堂提问的水平。

（3）通过同伴、专家进行反思。

教师在反思过程中可能存在一些不确定的因素，或是在过去的工作中已经形成一些固化的思想、观念，如对低层次问题的偏爱或者笼统的反馈评价，这些问题可能自己不易发现，再者或是明白自己存在的问题却不知道原因在哪儿、如何改善等，这时就需要有同伴或是专家参与到自己的反思过程中来，对自己进行帮助和引领。教师这时候可以利用微格教学或是录像的方法邀请同伴或专家对自己的提问的某个特定方面进行分析和评价。

3. 反思内容全面化

为了提高自己的提问水平，教师必须对提问进行全面的反思。具体操作时应从问题设计的理念和依据、提问语言、提问时机、提问对象的选择、课堂理答的方式、现场生成问题的处理等方面进行。不仅反思课堂提问中存在的问题，也要分析其中的闪光点；不仅要反思预设问题的处理情况，也要反思生成问题的生成环境和处理方法；不仅反思教师的提问也要反思学生的提问，通过反思逐渐形成自己的提问风格。

4. 反思与实践相结合

对课堂提问反思之后，更需要教师主动利用反思成果跟进行动和实践，否则所有的反思也只是停留在书面，是纯理论的"经验"。教师可与在问题预设和提问实施中实践反思的成果，对比现在的实践和原来的提问：提问技能是否发生了变化？哪些地方发生了变化？这种变化带来的效果如何？还可以在哪些提问环节进行改进？等等。在反思中实践，在实践中反思，在这样反复循环的过程中最终改进自己的提问水平，形成自己的提问风格。

美国的著名教育家泰勒在他所著的《课程与教学的基本原理》一书中提出编制任何课程和实施任何教育教学活动都广泛遵守的一条实践模式——"泰勒原理"。泰勒原理将课程的编制和教学活动的实施分为"确立教学目标""选择学习经验""组织学习经验"和"评价学习效果"四个部分。提问作为课堂上一种重要的教学手段，其实施过程也应该符合泰勒原理的操作步骤，具体应包括：第一步，确立提问目标，明确提问目的；第二步，选择学习经验，进行问题设计；第三步，组织学习经验，实施提问行为；第四步，评价教学效果，实施对提问的评价。这四个环节应该是紧密相连、环环相扣的。特别是对提问的评价，它可以为制定提问目标，进行问题设计和实施提问过程提供重要的反馈信息，是保证有效课堂提问进行的关键。

《普通高中化学新课程标准》中也明确指出，学生在"过程与方法"这一学习目标上要实现"具有较强的问题意识，能发现和提出有探究价值的化学问题，敢于质疑，勤于思考，逐步形成独立思考的能力"。要实现这一目标，就需要教师在课堂教学中将学科特点和学生身心发展规律相结合，将提问融入课堂教学中，借助于提问这一有效的教学手段，引导学生进行思考，发展其问题意识，最终提高其分析问题和解决问题的能力。

第五章 高中化学高效课堂教学技能

第一节　课堂教学建议

化学知识是培养学生化学学科核心素养的重要载体，化学教学是落实化学课程目标，引导学生达成化学学业质量要求的基本途径；化学学习评价是化学教学评价的重要组成部分，对学生化学学科核心素养具有诊断和发展功能。教师在化学教学与评价中应紧紧围绕"发展学生化学学科核心素养"这一主旨，优化教学过程，有效提高教学质量，发展素质教育，落实立德树人的根本任务。

一、深刻领会化学学科核心素养的内涵，科学制定教学目标

1. 深刻领会化学学科核心素养的内涵

宏观辨识与微观探析、变化观念与平衡思想、证据推理与模型认知、科学探究与创新意识、科学态度与社会责任五个方面，是从正确价值观念、必备品格和关键能力层面对化学学科核心素养内涵的揭示，是学生科学素养在知识与技能、过程与方法和情感态度价值观三个方面得到全面发展的综合表观。

化学学科核心素养构成要素之间具有内在的本质联系。宏观辨识与微观探析、变化观念与平衡思想和证据推理与模型认知分别是从学科观念和思维方式视角对化学科学思维进行描述。科学探究与创新意识是对化学科学实践的表征，科学态度与社会责任是对化学科学价值取向的刻画，是化学学科整体育人功能和价值的具体表现。

2. 科学制定化学教学目标

应统筹规划化学教学目标。学生化学学科核心素养的发展是一个持续进步的过程，因此，教师应依据化学学科核心素养的内涵及其发展水平、高中化学课程目标、化学课程内

91

容及学业质量要求（包括学业要求和学业质量水平），结合学生的已有经验，对学段、模块或主题、单元和课时教学目标进行整体规划和设计。例如，结构决定性质是化学学科的核心观念，是宏观辨识与微观探析思维方式的具体表现形式。对于这一观念的学习，就可以整体设计为四个阶段。在必修阶段元素周期律的学习中，要求认识元素"位""构""性"之间的内在联系，能根据元素"位""构"的特点预测和解释元素的性质；在选择性必修课程化学键与物质的性质的学习中，要求能根据化学键的特点，解释和预测化合物的性质；在选择性必修课程分子间作用力与物质的性质的学习中，要求能解释和说明分子间作用力、氢键对物质性质的影响；在选择性必修课程有机化学基础模块的学习中，要求能根据有机化合物官能团的结构特点解释和预测有机化合物的性质。

应避免教学目标的制定流于形式。教师应根据具体教学内容的特点和学生的实际来确定化学教学目标，切忌生硬照搬化学学科核心素养的五个方面，防止教学目标制定的表面化和形式化。

二、准确把握学业质量标准，合理选择和组织化学教学内容

1. 整体规划化学教学内容的深广度

学业质量标准是对学生完成相应的课程内容学习时所应达到的化学学科核心素养水平的一种描述，用于检验和衡量学生化学学习的程度和水平。因此，它不仅对化学教学评价具有指导作用，同时，也是教师选择化学教学内容的一个重要依据。为此，教师应仔细研读化学学业质量标准，明确化学教学内容在各学段的不同水平要求，整体规划不同学段化学教学内容的深广度。例如，化学反应与能量转化的内容，在不同学习阶段都有所涉及，但教学内容的深广度和学业质量要求是不一样的。在必修阶段，要求学生能基于具体的现象与事实描述和说明化学反应中的物质与能量转化；在选择性必修阶段，要求学生能基于化学反应的本质来解释和说明化学反应中的物质与能量转化，能从物质与能量变化的角度选择和评价燃料，从科学、技术、社会、环境角度认识化学反应中物质与能量变化的价值，形成全面节约资源、物能循环利用的意识。

2. 合理组织化学教学内容

化学教学内容的组织，应有利于促进学生从化学学科知识向化学学科核心素养的转化，而内容的结构化则是实现这种转化的关键。内容的结构化主要有以下三种形式。

（1）基于知识关联的结构化。

它是按照化学学科知识之间的逻辑关系组织起来的，如化学键知识的结构化，化学键

分为离子键和共价键，共价键又分为极性键和非极性键等。

（2）基于认识思路的结构化。

它是从学科本原对物质及其变化的认识过程的一种概括，如元素"位""构""性"的关系（周期表中的位置决定它的结构，再由结构决定性质）。

（3）基于核心观念的结构化。

它是对物质及其变化的本质和其认识过程的进一步抽象，以促使学生建构和形成化学学科的核心观念。例如，对元素"位""构""性"三者的关系，从学科本原可进一步概括出"结构决定性质，性质反映结构"这一化学学科的统摄性观念，这一观念是宏观辨识与微观探析等化学学科核心素养的具体体现。教师在组织教学内容时应高度重视化学知识的结构化设计，充分认识知识结构化对学生化学学科核心素养发展的重要性，尤其是应有目的、有计划地进行"认识思路"和"核心观念"的结构化设计，逐步提升学生的化学知识结构化水平，发展化学学科核心素养。

3. 贴近生活、社会实际，重视化学与其他学科的联系

化学科学与生产、生活和科学技术的发展有着密切的联系，对社会发展、科技进步和人类生活质量的提高有着广泛而深刻的影响。在教学中，教师应重视科学、技术、社会、环境内容主题的选择和组织，紧密联系生产、生活实际，使学生认识到化学能创造更多物质财富满足人民日益增长的美好生活需要；使学生能综合运用所学知识，解释和解决有关的科学、技术、社会、环境问题。例如，在乙醇的教学中，教师可选择酒在人体内的转化途径、酒驾的检验、不同饮用酒中酒精的浓度、工业酒精和食用酒精的区别等内容，使学生充分认识化学科学的价值。

在化学教学中，教师还应重视跨学科内容主题的选择和组织，加强化学与物理学、生物学、地理学、材料科学和环境科学等学科的联系，引导学生在更宽广的学科背景下认识物质及其变化的规律，帮助学生拓宽视野、开阔思路，综合运用化学和其他学科的知识分析解决有关问题，发展学生的科学素养。例如，在氢键的教学中，可选择DNA、蛋白质结构中的氢键，使学生认识氢键与生物体的密切关系。

三、充分认识化学实验的独特价值，精心设计实验探究活动

1. 充分认识化学实验的独特价值

以实验为基础是化学学科的重要特征之一，化学实验对全面发展学生的化学学科核心素养有着极为重要的作用。化学实验有助于激发学生学习化学的兴趣，创设生动活泼的教

学情境，帮助学生理解和掌握化学知识和技能，启迪学生的科学思维，训练学生的科学方法，培养学生的科学态度和价值观。在化学教学中，可以从以下几个方面发挥化学实验的教学功能。

引导学生通过实验探究活动学习化学。例如，可通过"催化剂对过氧化氢分解反应速率的影响"的实验探究活动，帮助学生了解催化剂是影响化学反应速率的一个重要因素。重视通过典型的化学实验事实引导学生认识物质及其变化的本质和规律。例如，可通过具体实验数据引导学生讨论第三周期元素及其化合物的性质，以及性质变化规律。利用化学实验史实引导学生了解化学概念、化学原理的形成和发展，认识实验在化学科学发展中的重要作用。引导学生综合运用所学的化学知识和技能，进行实验设计和实验操作，分析和解决与化学有关的实际问题。

教师应认真组织学生完成课程标准中要求的必做实验，重视培养学生物质的分离、提纯和检验等实验技能，树立安全意识，形成良好的实验室工作习惯。应根据学校的实际情况合理地选择实验教学形式，有条件的学校尽可能多地为学生提供动手做实验的机会；条件有限的学校，可采取教师演示实验或利用替代品进行实验，鼓励实验的绿色化设计，开展微型实验；注重发挥现代信息技术的作用，积极探索现代信息技术与化学实验的深度融合，合理运用计算机模拟实验，但不能完全替代真实的化学实验。

2. 精心设计实验探究活动

实验探究是一种重要的科学实践活动，是化学学科核心素养的构成要素之一。教师应依据科学探究与创新意识素养发展水平和学业质量标准，结合学生的认知发展特点，精心设计实验探究活动，有效地组织和实施实验探究教学，增进学生对科学探究能力的理解，发展科学探究能力。

实验探究活动应紧密结合具体的化学知识的教学来进行。例如，实验探究卤族元素的性质递变规律，实验探究维生素 C 的还原性等，使化学知识的学习、科学探究能力的形成与化学学科核心素养的发展有机结合起来。

实验探究教学要讲究实效，不能为了探究而探究，应避免探究活动泛化、探究过程公式化和表面化；应把握好探究的水平，避免浅尝辄止或随意提升知识难度的做法；应避免实验探究过程中教师包办代替或对学生放任自流的现象。

四、创设真实问题情境，促进学习方式转变

1. 创设真实且富有价值的问题情境

真实、具体的问题情境是学生化学学科核心素养形成和发展的重要平台，为学生化学学科核心素养提供了真实的表现机会。因此，教师在教学中应重视创设真实且富有价值的问题情境，促进学生化学学科核心素养的形成和发展。

真实的科学、技术、社会、环境问题和化学史实等，都是有价值的情境素材。例如，"氧化还原反应"的教学，教师可以提供有关汽车尾气及其危害的素材，使学生产生运用化学方法解决这一问题的欲望，提出如何根据氧化还原原理对汽车尾气进行绿色化处理的问题。"什么是绿色化处理""汽车尾气的主要成分有哪些""如何将有害物质转化为无毒无害物质""如何转化、转化需要哪些条件"等，这些具体的问题解决任务，能促使学生查阅文献、设计方案、实验探究等，正是在这样的问题解决过程中学生的化学学科核心素养得到了提升，生态文明的意识得到了增强。

2. 积极促进学生化学学习方式的转变

学生化学学科核心素养的发展是一个自我建构、不断提升的过程，教师要紧紧围绕化学学科核心素养发展的关键环节，引导学生积极开展建构学习、探究学习和问题解决学习，促进学生化学学习方式的转变。为此，教师应尽可能设计多样化的实验探究学习任务，应结合具体的化学教学内容的特点和学生的实际，引导学生开展分类与概括、证据与推理、模型与解释、符号与表征等具有学科特质的学习活动，应注意设计真实情境下不同复杂和陌生程度的问题解决活动，引导学生通过小组合作、实验探究、讨论交流等多样化方式解决问题。

五、实施"教、学、评"一体化，有效开展化学日常学习评价

化学学习评价包括化学日常学习评价和化学学业成就评价（主要有化学学业水平合格性考试和学业水平等级性考试）。应树立"素养为本"的化学学习评价观，紧紧围绕化学学科核心素养的发展水平和化学学业质量标准来确定化学学习评价目标，注重过程性评价和结果性评价的有机结合，灵活运用活动表现、纸笔测验和学习档案评价等多样化的评价方式，倡导学生自评、同伴互评与教师评价相结合，充分发挥评价促进学生化学学科核心素养全面发展的功能。

化学日常学习评价是化学教学不可或缺的有机组成部分，是化学学习评价的一种重要

表现形式，是实施"教、学、评"一体化教学的重要链条。教师应充分认识化学日常学习评价对促进学生化学学科核心素养发展的重要性，积极探索开展化学日常学习评价的有效途径、方式和策略。

提问与点评、练习与作业、复习与考试等是有效开展化学日常学习评价的基本途径和方法。课堂提问的设计应有意识地关注对化学学科核心素养达成情况的诊断。例如，"有哪些因素影响物质体积的大小"这一问题的设计就具有素养诊断价值。有的学生只能基于"宏观"视角思考影响因素，有的学生只能基于"微观"视角思考影响因素，而有的学生却能基于"宏观辨识与微观探析"视角指出影响因素，并能给予解释。

教师应注意发挥课堂练习和课后作业对学生化学学科核心素养的诊断与发展功能，依据课程内容的各主题的学业要求，精心编制成精选课堂练习和课后作业题，使"教、学、评"活动有机结合，同步实施，形成合力，有效促进学生化学学科核心素养的形成与发展。单元与模块复习应依据内容要求，围绕化学核心概念和观念的结构化来进行，通过提问或绘制概念图等策略，诊断学生化学核心概念和观念的结构化水平；对处在"知识关联"水平的学生，应引导他们进一步概括核心概念的认识思路，形成基于"认识思路"的结构化，从而提升化学核心概念和观念的结构化水平，发展化学学科核心素养。

单元与模块考试应以学生化学学科核心素养的达成情况为考核重点，试题命制应以学业质量标准的要求为依据，题目应具有一定的情境性和综合性，为学生解决真实情境下不同复杂程度的化学问题提供素养表现的机会。通过考试，教师可以较为准确地诊断出学生化学学科核心素养的发展水平和化学学业质量标准的达成情况，为有针对性地提出学生化学学科核心素养发展的改进建议提供依据。

六、增进化学学科理解，提升课堂教学能力

1. 增进化学学科理解

开展基于学生化学学科核心素养发展的课堂教学，对化学教师的专业素养提出了更高的要求，要求教师进一步增进化学学科理解。化学学科理解是指教师对化学学科知识及其思维方式和方法的一种本原性、结构化的认识，它不仅是对化学知识的理解，还包括对具有化学学科特质的思维方式和方法的理解。

教师应注重通过多种途径和方法提高化学学科理解能力。应反思自身化学学科理解方面的不足，主动参加相关的学习和培训活动；应充分发挥化学教研组、备课组的作用，结合具体的教学内容，有针对性地开展所教内容的学科理解研讨；积极发挥区域教研的优

势，通过"名师工作室"和"学科教研基地"等多种形式开展教研活动，使教师的化学学科理解能力得到相应的提高。

2. 提升课堂教学能力

发展学生的化学学科核心素养，要求教师积极开展"素养为本"的课堂教学实践，主动探索"素养为本"的有效课堂教学模式和策略。在化学教学设计和实施中，教师应科学制定具体可行、基于化学学科核心素养发展的教学目标，挖掘教学内容在化学学科核心素养发展方面的独特价值，设计和开展多种形式的实验探究活动，有目的、有计划地引导学生运用化学科学思维方式和方法学习化学知识，注重引导学生在化学知识结构化的自主建构中理解化学核心观念，设计基于真实情境的问题解决任务，使学生在解决问题的活动中逐步发展化学学科核心素养。

"素养为本"的化学课堂教学设计与实施，对教师来说是一个新的、富有挑战性的研究课题。教师要以改革的精神主动探索，积极开展"素养为本"的课堂教学行动研究，在行动研究中总结和提炼发展学生化学学科核心素养的有效途径、方法和策略，提升自身开展"素养为本"课堂教学的能力。

第二节　课堂教学方法

化学课堂教学方法是指教师和学生为了完成教学任务、实现教学目标而采用的共同活动方式，是教师指导学生掌握知识技能、获得身心发展而共同活动的方法，是教师的施教活动、学生的学习活动，以及教师和学生相互作用和构建人际关系的活动，它关系到教学目标能否实现、教学任务能否完成以及完成的程度、质量和效率。目前，两种对立的教学方法是注入式和启发式。注入式是指教师从主观出发，将学生看成单纯接受知识的容器，向学生灌输知识，无视学生的主观能动性，教师仅仅是一个现成信息的负载者和传递者，学生仅能起到记忆器的作用。启发式是指教师从学生的实际出发，采取有效的形式去调动学生的学习积极性，指导他们自己去学习。启发式教学方法才是目前我们要求掌握的，特别是新的教学方法不断出现的"互联网+"时代更是如此，在此基础上出现了两种典型的化学教学方法，即化学实验启发教学法和化学多媒体组合教学法，但在应用化学教学方法时一定要有针对性和多样化，在此基础上实现最优化的教学方法。

一、化学教学方法的分类

根据教学活动中学生的不同认知方式，将常用的教学方法分为五大类，即以语言传递为主的教学方法、以直观感知为主的教学方法、以实际训练为主的教学方法、以引导探究为主的教学方法和以情感陶冶为主的教学方法。

（一）以语言传递为主的教学方法

这类教学方法最为广泛，主要包括讲授法、谈话法、讨论法和读书指导法等。

1. 讲授法

指教师运用口头语言系统连贯地向学生传授知识、技能，发展学生智力的一种教学方法。可分为讲授、讲述、讲解和讲演四种。优点是可充分发挥教师的主导作用，在短时间内获得大量系统的科学知识，并能结合知识传授进行思想品德教育。讲授法要求内容要有科学性、系统性和思想性，要认真组织、系统完整、层次分明、重点突出、语言精练。讲述可用于讲述化学史，陈述组成、结构、性质、变化等；讲解用于分析化学事实，解释和论证比较复杂的内容等；讲演用于对某个专题系统介绍等，比较适合高年级学生。

2. 谈话法

指教师和学生相互交谈，以引导学生根据已有的知识经验，通过独立思考去获取新知识的一种教学方法。优点是能照顾到每个学生的特点，充分激发学生的思维活动，有利于发展学生的语言表达能力，并使教师通过谈话直接了解学生的学习程度，检查自己的教学效果，从而提出一些补救措施来弥补学生知识的缺陷，开拓学生的思维，使学生保持注意力和兴趣。教师要做好计划，对谈话中心、内容和问题做充分准备，问题要明确具体，善于诱导，结束前要进行小结。

3. 讨论法

指全班或小组成员在教师的指导下，围绕一个中心问题发表自己的看法和见解，相互学习的一种方法。学生要具备一定的基础知识、理解能力和独立思考能力。优点是通过对所学的内容展开讨论，学生之间可以集思广益、相互启发、加深理解、提高认识，激发学习热情，培养对问题的钻研精神，锻炼语言表达能力。教师主要是提出有吸引力的问题，明确具体要求，指导学生收集资料，引导学生围绕中心、结合实际自由发表，让每个学生都有发言机会，结束前要小结并提出进一步思考的内容。

4. 读书指导法

指教师指导学生通过阅读教材和参考书，以获得和巩固知识，培养学生自学能力的一种方法。指导阅读教材时要求学生预习，为上课打好基础，培养良好的阅读习惯。参考书阅读有精读和泛读两种。读书指导法对培养学生的阅读能力，教会学生学习、发挥学生的自学能力有独特的价值。教师要明确目标、要求，给出思考题，教会学生使用工具，帮助学生学会阅读方法并用多种方法指导学生阅读。

（二）以直观感知为主的教学方法

这种教学方法具有形象性、具体性、直接性和真实性的特点，主要有演示法和参观法两种。

1. 演示法

指教师通过展示实物、教具和示范实验来说明和验证某一事物和现象，使学生掌握新知识的一种教学方法。主要有实物、标本、模型、图片的演示；图表、示意图、地图等演示；电影、录像等演示。演示法体现了直观性和理论联系实际的教学原则。演示法要操作规范，引导学生集中注意力，发展学生的观察能力并分析归纳综合得出结论。

2. 参观法

又叫现场教学法。是教师根据教学目的和要求，组织学生进行实地考察和研究，使学生获得新知识，巩固、验证旧知识的一种教学方法。优点是能使教学和实际生活生产联系起来，激发学生对知识的渴望和兴趣，扩大学生的视野，使学生直接接触社会，并从中得到教育和启发，同时培养观察事物的能力和习惯。参观前要根据教学目的和要求做好充分准备，参观时引导学生收集资料，做好记录，参观后组织学生总结。

（三）以实际训练为主的教学方法

以实际训练为主的教学方法是指以形成技能技巧、培养行为习惯和发展学生能力为主的教学方法。《化学教师综合技能训练》教材就是典型的实际训练法。此法的特点是使学生通过实践活动达到动脑、动口、动手，提高学生分析问题和解决问题的能力，并养成良好的行为习惯。主要有练习法、实验法、实习法、实践活动法四种。

1. 练习法

指学生在教师的指导下巩固知识，培养各种技能技巧的基本教学方法，包括说话练习、解答问题练习、绘画和制图练习、作文和创作练习、运动与文娱技能技巧练习等。优点是可以有效发展学生的各种技能技巧，对培养学生的意志品质有重要作用。此法主要是明确练习的目的和要求，方式要多样，注意学生基础知识的积累和基本技能的提高，进行及时的检查和反馈评价，培养学生自我检查的习惯。

2. 实验法

指教师引导学生使用一定的仪器和设备，进行独立操作，引起某些事物和现象产生变化，从而使学生获得直接经验，培养学生技能技巧的教学方法。常用于自然科学的学科教学，如本教材的化学实验教学训练和科技活动训练部分。优点是可以将理论与实践相结合，有利于激发学生的求知欲、培养学生独立使用仪器进行科学实验的基本技能、严谨的科学态度和扎实的作风。此法要求认真编写实验计划，加强实验指导，做好实验报告批改和实验总结工作。

3. 实习法

指教师根据学科课程标准的要求，指导学生运用所学知识在课内和课外进行实践操作，将知识运用于实践的教学方法。如数学测量实习、化学教育实习等。优点是有利于理论与实践相结合，培养学生运用书本知识从事实际工作的能力，有重要的现实意义。此法要求在教师的指导下有目的、有计划、有组织地进行，教师要加强指导，实习结束后要指导学生写出实习报告并进行成绩评定。

4. 实践活动法

指让学生参加社会实践活动，培养学生解决实际问题的能力和多方面实践能力的教学方法。此法要严格以学生为中心，教师只是学生的参谋和顾问，教师要保证学生的主动参与，不能越俎代庖。

（四）以引导探究为主的教学方法

以引导探究为主的教学方法是指教师组织和引导学生通过独立的探究和研究活动而获得知识的方法。此法称为发现法，又名探索或探究法、研究法。学生在教师的指导下，对所提出的课题和提供的材料进行分析、综合、抽象和概括，自行发现并掌握相应的原理和结论。此法的特点是关注学习过程甚于关注学习结果，要求学生主动参与到知识的形成过程中。优点是能使学生的独立性、探索能力、活动能力和创新能力在探索中得到高度发挥。教师要明确探究发现的课题和过程，严密组织教学，创造有利于学生发现的良好情境。

（五）以情感陶冶为主的教学方法

以情感陶冶为主的教学方法是指教师根据一定的教学要求，有计划地使学生处于一种类似真实活动的情境之中，利用其中的教学因素综合地对学生施加影响的一种教学方法。此法的优点是改变了传统教学只重视认知、忽视情感的弊端，对培养学生的学习动机、丰富生活体验、发展学生创造能力、培养学生高尚道德和审美情感都有重要作用。缺点是应用范围有限，更多的是作为辅助性教学方法使用。分欣赏教学法（对自然、人生和艺术等的欣赏）和情境教学法（创设一定的情境，引起学生情感体验，生活展现、图画再现、实物演示、音乐渲染、言语描述等情境）。但化学新课标要求，今后在课堂教学中应该尽量从生活、生产和社会等方面去创设一定的情境进行教学。

二、化学教学方法应用注意事项

化学教学方法多种多样，但选择时必须要有针对性和多样化，要采用最优化原则，注意情境性与启发性。可以根据学习动机的激发方法（创设新奇情境、成功情境，说明学习意义，提出期望要求，利用有效评价等）来选择合适的教学方法。在教学活动的组织和实施过程中要注意个别教学、分组教学、团体教学的使用与把握。在组织方式上要分清课堂教学、实验教学、电化教学等不同的组织形式。还要按照学生接受—复现、复现—探索、自主探索的认知活动方式进行选择。在教学活动中，内部活动方式主要有分析、抽象、综合、概括、判断、推理、比较、归类、论证等；而外部活动方式则有陈述、谈话、讨论、阅读、展示、演示、参观、实验、练习、实习、其他活动等。在选择教学方法时一定要注意将内部活动和外部活动结合起来进行。

在使用教学方法时还必须进行教学活动的检查、反馈和调控。教学活动的检查方法主要有测验（口试、笔试等）、观察（练习、作业、表情等）、调查（谈话、问卷、自陈等）三种方式。反馈方式主要有评定成绩、做出评论两种。调控方式主要有教师控制、教材控制、机器控制、学生自控。过去的教学方法仅仅是教学活动的组织与实施，如今是多层次、多维度和多类型的复杂体系，必须合理地选择和优化教学方法。

三、化学教学方法的选择、组合和优化

教学方法要根据教学目的和任务的要求、课程性质和特点而定；每节课的重点和难点、学生年龄特征、教学时间设备和条件、教师业务水平与实际经验和个性特点而定；还

受教学手段、教学环境等因素的制约，这就要求我们要全面、具体、综合地考虑各种关系，进行权衡和取舍。选择化学教学方法时要看该方法是否有利于完成既定的教学任务、达到预定的教学目的；是否适合于教学内容，符合学科的研究方法；是否适应学生个体以及学生集体的发展水平和心理等方面的需要，学生是否具有必要的学习准备；是否具有相应的教学条件，如实验设备；是否符合化学教学规律和教学原则；是否有利于落实教学指导思想、教学策略和教学思路；教学方法本身的教育价值；教师对教学方法的了解、使用教学方法的经验和能力及教学风格等个人品质和个性特征。

教学方法运用的综合性是指根据教学任务和教学内容的需要，综合运用多种教学方法，而不是长期只使用一种教学方法。教学方法运用的灵活性是指在实际应用中，要从实际出发，随时对其进行调整，以达到最佳教学效果。教学方法运用的创造性是指从教学实践出发，在把握现有的基础上进行教学方法的创新。如现在的对分课堂、翻转课堂、微课、慕课、私播课等教学方法的运用等。

四、主动学习法

什么是主动学习？在教学中又该如何使用合适的策略来促进学生主动学习？

（一）主动学习与被动学习

主动学习其实并不是一个新鲜概念。它是指学生以口头表达、书面表达和动手实践的方式，而非被动地阅读、听讲和观摩教师演示来进行学习的一种创新的教学方法。和被动学习相比，主动学习在知识留存率方面占有显著的优势。研究显示，对阅读的内容，人们只能记住10%；对听讲的部分，只能记住20%；观摩教师演示的部分，能记住30%；如果边听讲边观摩演示的话，知识留存率能达到50%，但所有这些都属于被动学习的方式，总体上来看，知识留存率都不理想。

而当人们使用主动学习方式时，他们能记住所说或所写内容的70%，以及动手实践过的内容的90%。对学习来说，知识留存，或者说识记仅仅是最初级的一个阶段，那么，在更高级的部分，被动学习和主动学习的表现分别又是怎样的呢？和主动学习相比，听讲、阅读和观摩演示等被动学习方式对知识的理解、应用、分析和创造都是收效甚微的。因为在这种学习方式中，学生没有经过深度思考，不会创造和使用诸多联想或记忆的线索来将学习提升到高思维阶段。但在主动学习中，不管是角色扮演、辩论、研讨还是写作、动手实践，学生都更有可能领悟到人类千百年来知识探索的精髓和奥秘所在，更有可能对知识产生情感联系和"知其然，更知其所以然"的透彻理解，从而有助于他们在新的情境下或真实生活中对习得的知识进行迁移、整合和创造性应用。当进行接受式学习时，比如听音频、视频讲座，阅读，或听讲，学习效果的留存率还不到20%；当进行参与式学习时，比如玩耍、练习、讨论或演示，学习效果的留存率可以达到20%～75%；而当学生在"做中学"时，比如和教师共同参与一项任务，知识讲授后得到即时的、针对性的训练，此时，学习效果的留存率高达75%以上。这里要说明的是，接受式学习相当于我们通常所说的被动学习，而参与式学习和"做中学"则都属于主动学习的范畴，但比起参与式学习，"做中学"是更高层次的主动学习。还有一点，此处提到的学习效果的留存率不仅包括识记事实性知识，还包括对知识的理解、应用、分析、评估和创造。

（二）主动学习课堂操作策略

那么，主动学习在课堂实践中都有哪些操作策略呢？

1. 课堂讨论策略

课堂讨论策略被广泛应用于不同班额、不同学科、不同授课方式的班级中，最佳实施时机是复习环节。当学生们对某个单元或某门课程的内容有了一定的了解和掌握，更有可能产生高质量的、富有成果的、充满智慧的课堂讨论。此外，实施课堂讨论时，教师的指导角色是不可或缺的，因为这是一项难度较高的学习任务，要求参与者能对所学内容进行批判性思考，能对同伴的观点进行富有逻辑思辨力的评点、总结、回应和反驳，因此，需要教师对之进行预先辅导和随堂点拨。

2. 思考—配对—分享策略

该策略要求学生先花几分钟时间对上堂课的内容做个小结，随后和一个或两个同伴讨论自己的小结，最后在全班同学面前分享。这项任务对学生的要求很高，他们必须对学科内容具备一定深度的背景知识，才有可能对课堂内容做出精辟且恰当的小结。另外，他还必须拥有把自己的观点和同伴的观点进行对照和联系的能力，以充分吸纳同伴们在配对环节贡献的智慧，从而在分享环节提供有成果的意见。当然，在这样高难度的任务中，教师作为点拨者对复杂概念的廓清和关键原则的重申也是至关重要的，否则，思考—配对—分享策略就有可能变成一场无意义的教学。

3. 学生二人组策略

这是一种学生成对进行提问、回答、讨论的学习策略。在预备环节，学生必须先通读相同的材料，并写下自己的问题。随后，教师对学生进行随机配对，比如学生A和学生

B。学生 A 先提问，B 回答，然后他们就此问题展开讨论，B 再接着提问，A 回答，然后又是讨论。这一轮结束后，教师又随机抽取一对，比如学生 C 和学生 D，同样，C 先提一个问题（和 A、B 不同），D 回答，再讨论，随后 D 提问，C 回答……如此循环。在此过程中，教师来回巡视，及时给予反馈和答疑。

4. 一分钟论文策略

这是一种学生对所学内容进行总结、教师给予及时反馈的教学方式。不过，虽然被称为"一分钟论文"，要求学生在极短时间里对给定内容做出简明、精确的总结，并以书面形式正确、流畅地表达出来并非易事，一般来说，学生都需要花 10 分钟左右做准备和练习。

5. 即时教学策略

这是一种课堂"预热"策略。在课程开始前，教师预先给学生们布置几个问题和共同的阅读材料，一方面引导他们进行预习和阅读，另一方面促使他们对本门课的目标进行反思，随后，将这几个问题在课堂上进行充分讨论。实施得当的即时教学，能对学生起到导读和导学的作用，并使他们对自己的学习更有目标感和掌控感。

6. 同伴互教策略

该策略要求某名学生就某个专题或某节课本内容展开深入研究，准备相关材料，并对全班同学进行讲授。通过这样的训练，作为"小老师"的学生会对所教内容理解得更加深入、掌握得更加精细，对其他学生而言，由同伴来教，可能沟通交流和传授效果会比教师更好。

7. 工作室漫步策略

运用该策略时，教室被布置成一个工作室，工作室再划分成若干个讨论组，学生们可以在不同的讨论组之间"跳来窜去"，贡献自己的意见和智慧。该策略形式灵活，最终学生对于某个话题的见解必须以 PPT 演示的形式向全班同学呈现。

第三节　课堂教学技能

课堂教学（上课）是教师把精心设计好的教学设计（教案和学案）在课堂上实施，以取得预想的教学效果。课堂上必须充分发挥教师的主导作用，调动学生的积极性，上课过程中要注意信息的及时反馈和调控，要严格控制教学时间，提高课堂教学效率。在教学过程中要培养学生的宏观辨识与微观探析、变化观念与平衡思想、证据推理与模型认知、实验探究与创新意识、科学精神与社会责任五大化学核心素养。

一、教学语言技能

教学语言是教学信息的载体，是上课的必备条件。教学语言的基本要求是遵守语言的逻辑规律，化学语言应该准确、鲜明、生动，合乎语法，用词恰当等。教学语言还要适应教育教学要求，声音清晰、洪亮、流利，发音标准，声音抑扬顿挫，语速适当，语调要有节奏和变化等。教学语言必须符合化学学科特点，正确应用化学术语，确切表达化学概念，符合化学语言规范等。化学教师应该努力使自己的教学语言达到出口成章，每节课的教学语言记录下来就是一篇精彩的讲稿或文章。

教师用教学语言讲授时，应该做到内容完整、层次分明，富有逻辑性，既注意全面和系统，又抓住重点、难点和关键。讲授时必须语言准确、精练、生动，学生能听清、听懂，有感染力，能引起和保持学生的注意力。讲授时还应注重启发性引导、分析、阐述和论证，注重激发学生的积极思维，使师生活动协调、同步。在讲授的同时，能恰当运用板书、板画及表情、手势等手段来配合，注意收集讲授效果的反馈信息，能及时做出适当的调整。

二、指导学习活动技能

学生的化学学习活动主要有课堂上的听课、记笔记、观察、思考、实验、探究、讨论、自学、练习，以及课后的复习、作业、预习、阅读、收集资料、实践活动等。教师在教学中要不断地组织实施这些课内和课外学习活动，提高组织和指导学生进行学习活动的技能。

1. 指导听课技能

听课和记笔记是学生课堂上最重要的学习活动。在课堂教学中，教师要在上课前做好学习定向工作，使学生大概了解学习目标、方法和步骤，要重视做好每节课的小结工作，使知识结构化和系统化，帮助学生完成模型认知和知识建构。在讲课时，重点和难点内容要有必要的重复讲授，并利用停顿和提高语调、控制较慢的语速和配合板书，让学生能听清和看清，并配合使用积极的情感表达与丰富的副语言技能，充分调动学生的学习积极性，发挥学生的主体性，使学生自觉地想听课和要做笔记。课堂上教师还要指导学生合理分配注意力，善于用耳、眼、脑、手相互配合和协调使用，在教师上课停顿时抓紧记笔记，先将不理解的问题记下来，等课后再认真思考或请教教师与同学，记笔记时还要学会选择内容，主要记教师讲课的思路、内容提纲、疑难问题、教材中没有的重要补充内容和学习指导等，并要学会用简明扼要的文字、图表和符号做笔记，以便于节省时间。还可以组织班级优秀笔记展示和交流等活动，逐步提高对课堂笔记的要求，提高听课和记笔记的效率。

2. 指导讨论技能

讨论是在教师的组织和指导下，相互质疑和论辩、启发和补充、共同得到问题答案的一种集体学习活动。它要求学生具有一定的知识基础、思考能力和讨论习惯，也要求教师有较强的组织与管理能力和丰富的教学经验。教师组织和指导学生讨论的难点是控制讨论的方向和时间，提高讨论效率和学生的积极性。首先，教师要围绕教学目标，精心设计讨论题，使其具有较好的思考性、论辩性，难度适中，最好配合化学实验、情境导入、课堂练习和作业等活动方式。其次，是让学生理解讨论题及意义，给学生足够的思考时间，可以采取提前公布讨论题、引导学生复习有关知识、阅读教材和参考资料、收集资料和准备必要的发言稿等方法。再次，是鼓励、要求学生在认真思考、准备的基础上各抒己见，积极大胆地发言，勇于坚持正确的意见、修改和放弃错误的意见，还要让学生在讨论中紧扣主题、相互切磋和学习。最后，教师要及时帮助学生排除疑难、障碍和干扰，尽量让学生自己分辨是非、纠正错误，得出正确的结论，教师不轻易表态和包办，但更不能放任自流、袖手旁观，要注意掌握时机，积极引导，培养学生自己组织讨论的能力等。

3. 指导练习技能

练习是以巩固知识、形成技能和发展能力为目标的实践训练活动，是教学过程中的重要环节。通过练习可促进学生将学到的知识与实际相联系，使学习效果进一步得到深化和提高，也是教师获得反馈信息的重要途径，但练习一定要防止陷入题海，要力求精练和取得高效率。

首先是针对学生发展的需要，精心选择、编制练习题，要有明确的练习目的，内容要在全面的基础上突出重点和难点，练习题还要有典型性、思考性、开放性和趣味性，化学练习要尽量联系生活和生产实践，难度和题量都要适当，要减少重复练习，保护和发展学生的学习兴趣。其次是引导学生复习有关知识，进行审题与解题指导，讲清要求与格式，对复杂的练习，按分步练习—完整连贯—熟练操作的顺序分阶段组织练习。练习前教师要指导学生复习相关知识，进行审题和解题指导，讲清要求和格式，并进行例题示范，特别要讲清解题思路，注意一题多解和举一反三。再次是教师通过巡视检查及时收集教学反馈信息，实行分类指导，对完成较好的同学可以增加要求更高的补充练习；对出现错误和完成有困难的学生则进行指导和课后辅导；对普遍感到困难的题目则要补充讲解，如果有时间还可以让学生上黑板演示练习过程，并组织全班同学观摩和评价。最后教师及时对学生的方法、过程和结果进行讲评，组织学生互评、自评。教师要做好练习总结，在学生有了实践体会的基础上，总结出审题、解题或操作的一些规律，加深并提高学生对相关知识的理解，并布置一些课后作业（家庭作业）让学生进一步练习，提高解题技巧。

4. 指导自学技能

化学课程的自学主要包括阅读、实验、思考、解决问题、课前预习、复习和表达等，而狭义的自学专指学生独立阅读教科书。教师在组织和指导学生自学时，首先要引导学生认识学习是自学的首要任务，充分认识到对适应学习型社会、提高自身发展潜力的重要意义。其次是通过教师自身的示范，让学生逐步学会收集、选择学习材料，自己确定学习任务、重点等。再次是让学生知道自学阅读不仅要动眼，还要动笔，摘录要点，及时记下心得、体会，整理和编写知识小结，做好阅读笔记。还要注意多动手练习来深化理解、学会应用和掌握知识，学会善于动脑，注意新旧知识的对比联系，发现问题后，通过独立思考或与同学讨论解决，注意进行概括和总结，抓住重点和精髓。最后学生要逐步掌握学习各类内容的规律，教师注意组织好自学成果的交流、讨论和示范活动。例如，对理论性知识要注意产生有关概念、原理和定义的事实依据，学会通过抽象、概括和推理，自己得出结论，了解有关知识的应用及其范围，并能具体举例；对元素化合物知识，要多联系实验现象，弄清物质的结构、性质、用途与制法之间的联系与规律，并形成概念图。

5. 指导合作技能

合作学习是以小组为单位，通过学生或学生群体间的合作性互动来促进学习，达到整体学习成绩最佳的学习组织形式。合作学习把个人之间的竞争转化为小组之间的竞争，力求通过组内合作，使学生尽其所能，达到最大限度的发展。教师在组织合作学习时，首先要明确个人责任，培养团体精神，鼓励每个成员发挥最大潜力，在独立思考的基础上，在平等民主的氛围中人人参与，各抒己见。重视小组成员间相互支持、鼓励和帮助，使每个成员达到预期目标。其次是合理组建学习小组，促进学生共同参与，精心设计合作学习内容，发挥小组各成员的作用。再次是把握合作学习时机，提高每个成员的参与欲望，由于合作学习方式不能每节课都采用，也不是整节课都使用，教师要把握恰当的时机组织小组合作学习，让学生带着迫切的愿望投入合作学习中。最后是进行适时、合理的评价，调动参与者的学习积极性。在合作学习过程中，如果学生每一个有价值的问题、精彩的发言或成功的实验操作，都能得到组内其他成员的赞许，会使学生体验到合作学习的快乐，可有效激起他们继续合作的欲望。

6. 指导探究技能

探究式教学是由学生自己寻找问题答案的教学活动方式，它以学生独立自主学习为前提，给学生提供观察、调查、假设、实验、表达、质疑及讨论问题的机会，让学生将自己所学的知识应用于解决实际问题。探究式教学有利于开发学生的智力，发展学生的创造性思维，培养自学能力，有利于学生学习和掌握学习方法，培养学生的五大化学核心素养，为终身学习和工作打下坚实的基础。化学教师的作用就是调动学生的探究积极性，引导学生发现问题、提出问题、分析和解决问题，促使他们自己去获取知识，发展能力。教师在组织和指导探究教学时，首先要发掘蕴含在教材中的探究因素，充分利用化学实验进行探究活动，不能只满足学生做实验，还应注意创设问题情境让学生自己设计实验，通过实验探究活动发展学生的发散思维和批评性思维，充分挖掘学生的创新意识与科学精神。其次是激发学生探究、思考的兴趣。教师要注意引导学生形成思考实验现象、发现问题、解决问题和探究原因的兴趣，引导学生质疑和创新，使学生主动进行探究活动。再次是教师要敢于放手，留给学生思考的空间。当学生在探究活动中遇到问题时，教师不能急于解释和给予帮助，要利用学生已有的知识去进一步引导，要留给学生思考的时间和空间，并注意启发学生去发现新问题，引导他们找出不同的方法和思路，鼓励学生自己设计实验方案，并亲自观察、尝试、探索、实践，还要允许学生出错，不能责备，使学生在自由、和谐的轻松氛围中去探究，充分展现自己的才华。最后是按照科学探究的过程规律，指导学生开展探究活动。要按科学探究的方法抓好情境创设、发现问题、明确问题、提出假设、收集资料、进行验证、形成结论和讨论交流等环节，并注意引导学生总结科学探究的方法，重视科学精神和社会责任。

三、板书板画技能

板书是在课堂教学过程中教师利用黑板、白板、磁性板等，以精练的文字和化学符号传递信息的行为方式。板书是一种重要的课堂教学手段，是课堂教学的有机组成部分。板书设计是课时教学方案的重要组成部分，是教师的基本功之一。

板画主要指绘制常用化学实验仪器图及其装置图，是学生巩固和加深理解化学基础知识不可缺少的途径，板画要求按现行的中学化学课程标准执行。高中学生应初步学会描绘简单仪器及其装置图，通过板画，可使学生熟悉仪器的名称、性能、大小及连接方法，科学地掌握仪器装置的原理；同时板画可作为直观教具，提高教学效果，激发学生的学习积极性。板画训练时要由简到繁，分步画出。绘制时要求形象正确，比例适当，条理清晰，重点醒目，以表现实验装置的要求，达到贴切美观的教学效果。

四、模型、图表和标本使用技能

模型是以化学实物为原型，经过加工模拟制作的仿制品，是对化学实物三维表现的构造示意。有些实物不易得到，或因体积需要缩小或放大，都可以制成模型。常见的化学模型有化工生产的典型设备，如炼钢高炉模型等；化工生产流程，如接触法制硫酸简单流程模型等；物质结构模型，如电子云模型、有机物分子结构的球棍模型和比例模型等。图表是指化学教学中各种图和表。图是事物形象描述或理论关系的生动描述。常见的图表主要有化学实验图，如实验仪器装置图、基本操作图等；化工生产图，主要是典型设备构造示意图和工艺流程图；物质结构图，如电子云图、原子结构示意图等；物质相互关系图，如元素化合物及其相互关系图等；各种曲线图，如溶解度曲线图等。标本是指经过挑选或加工，外观品质符合教学要求的化学实物。中学化学教学中常用的实物标本有矿物标本、重要化工产品标本、冶金产品标本、化学试剂标本和物质的晶体标本等。

这些模型、图表和标本在化学课堂教学中具有不可替代的作用。在宏观辨识与微观探析（如电子云图、原子结构示意图等）、变化观念与平衡思想（如物质相互关系图等）、证据推理与模型认知（如溶解度曲线图等）、实验探究与创新意识（如实验仪器装置图、工艺流程图等）、科学态度与社会责任（如炼钢高炉模型、各种化工和矿物标本等）五大化学核心素养的养成方面有重要作用。因此，我们在化学课堂教学中要充分利用学校的各种模型、图表和标本，在讲授相应知识模块时配合使用，真正发挥好这些辅助教学工具的作用，使课堂教学达到最佳效果。

五、作业和辅导技能

布置作业是课堂教学活动的组成部分，主要是告诉学生应进行哪些作业和完成这些作业的方法。作业的形式主要有阅读教科书和参考书、做练习题、进行调查、参观、绘制图表、实验（学生在家中可做一些简单的实验）等。布置作业时注意作业的内容要围绕重点，解决难点；内容表达要明白，作业的范围要确定；措辞要科学；要启发学生思维，培养学生分析及解决问题的能力；要启发学习动机，使学生认识作业的重要性；要重视指导作业时的方法。对特殊困难的学生，最好另外进行个别辅导；要注意适度，如分量过重，学生不能完成，会降低学习兴趣，有些学生还会看成学习负担。批改作业可以采用全收全批与部分批改相结合，精批细改与典型批改相结合，集体批改与个别批改相结合等方法。辅导是一种辅助性的教学组织形式，以弥补课堂教学的不足，便于了解学生学习上的问题和意见，研究学生的认识规律，做到教学相长，是提高教学质量的重要措施。辅导应有目的地进行，辅导的重点在于指导学习方法，提高学生的能力，辅导要启发学生的自觉性，使其乐意参加，辅导时教师要循循善诱，满腔热情。

六、提问技能

提问主要是教师通过预先设计的一系列相互联系的问题，启发、引导学生经过思考做出正确回答，以师生对话的方式围绕课题的重点与难点展开的讨论。提问和解答问题要注意避免机械的一问一答方式，注意双向交流，要做到问题提得好，提出的问题既要使学生能回答上，又不能太过于简单，不加思考就能回答出来。课堂问题主要分为导向性问题（探究性问题）、评价性问题和形成性问题，以及引导学生思考进行的反问、变换问题、有效追问等。提问时必须选择恰当的时机和对象、以恰当的方式提问，以引起学生的注意，真正达到启发思考、培养学生能力的目的。问题提出后，教师还要鼓励学生大胆发言，并善于倾听学生的发言，依学生回答问题的情况进行有效追问。教师必须要训练和提高自身的提问艺术，不能用"是不是"或"对不对"等简单判断的方式进行提问，一定要进行灵活有效的深化、转问、反问、回问等高级提问技术的学习和训练。也不能只满足于少量学生烘托课堂氛围的回答问题，对沉默和边缘的学生要给予关注和适当的提问，并根据学生掌握的问题情况，采取强化和相应补救措施，提高课堂实效。

七、情感表达与副语言技能

教师的情感技能是提高课堂教学效率的有效手段，研究表明，52 种教师特征中，有38 种与情感有关。教师的情感技能中最重要的是使学生得到对教师态度倾向的感受和体会，教师的热情、信心、亲近、鼓励等都可以增强学生搞好学习的信心和驱动力。用于传递情感的副语言主要有各种面部表情、眼神、微笑、声调、头和手的动作，如点头、摇头、挥手、拍肩膀等。教学副语言以口头语言为基础、配合口头语言活动进行，没有形成独立的语言系统，不能叫语言，但在课堂教学中有重要作用，教师一定要多学习和训练正确的情感表达与副语言技能。

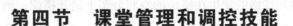

第四节 课堂管理和调控技能

课堂管理和调控是保障教学活动达到既定目标、顺利完成教学任务的重要举措。教师在课堂教学中注意通过课堂观察等途径收集学生信息，在充分了解学生的基础上采取有效的管理和调控措施。

一、课堂观察技能

课堂观察是调控和管理的基础，是教师为了收集来自学生的信息而进行的觉察学生行为、个性和其他特点的过程。课堂观察可以向教师提供教学反馈信息，使教师能对教学及时进行调整，还可以使教师增加对学生的了解，有利于进一步做好教学评价和今后的教学工作。

周密的计划是做好课堂观察的关键。首先教师要确定观察的重点内容，如学生对学习目标的了解、学习态度、学习结果、参与教学活动的积极性、兴趣和爱好、情绪和注意力、人际交往活动、思维品质、创造性、认知能力、表达能力、遵守纪律和规则等都是观察的内容。但每次重点观察的内容不能太多，要结合每节课的具体教学内容有重点地观察几项，但不能忽视偶发事件，最好对每节课和每项观察内容设计出观察指标。特别注意课堂观察要面向全体学生，可采用时间抽样法进行系统的观察，即按照一定的时间间隔和顺序有计划地轮流对不同的学生进行重点观察，并与全面扫描和搜寻特别现象相结合。还要做好观察记录表，教师要努力排除来自自身的各种干扰，如成见、先入为主、光环效应、标签效应、平均效应和趋同现象等，还要排除来自观察现场的各种干扰，对于一时难以弄清和做出判断的现象，可以课后多与学生接触，做进一步了解，以便准确地做出判断和评价。

二、课堂常规管理技能

课堂管理的常规内容主要包括空间与时间利用、纪律和秩序的维持等。

1. 空间利用技能

空间是教学的制约因素和重要资源。在化学教学的常规管理中必须重视对教学空间的结构设计和管理。由于教室的座位会影响学生的视力、学习成绩和心理健康成长，同样也会影响教学效果。为了促进学生的成长和发展,教师在空间上必须科学地安排学生的座位。如果让不同气质和性格的学生在座位的空间分布上错开搭配,则更加有利于组织合作学习,也有利于学生形成比较完善的心理品质。当然,还要定期交换和调整学生座位,可促进学生更好地成长。另外,为了更好地组织探究教学,将传统的纵横矩阵式排列改进为弧线形或"U"形排列,可以减少来自教师上课时的监控压力和影响,克服刻板、不利于学生交往和合作学习的弊端。有条件的学校还应该尽量小班化教学,以便更好地组织和开展探究教学、实验研究和小组合作学习。

2. 时间利用技能

时间是学习过程中的一个决定性因素。尽管课程计划、课程标准统一规定了各年级化学课程的总学时,但在实际教学中,由于不同的教学和管理方面因素的制约,实际上各个学校的教学时间,特别是有效的教学时间各不相同。研究表明,成绩优秀的学校由于学生或教师的缺勤、教学中断、学生注意力涣散、学校组织的各种活动等会浪费20%左右的可利用教学时间,而成绩较差的学校更是失去了40%的时间。随意安排教学活动、满堂灌、重复练习、教学定向不清、教学环节衔接和过渡不良、教学进度和速度不当,学生被动学习等都会降低化学教学时间的有效利用率。所以,我们在教学过程中要做好教学设计,在各个教学环节中设置好时间,并严格管理和利用好教学时间,尽量使课堂高效,在课标规定的时间内向课堂要效益。学校在管理上也要强化时间观念,在正常上课时间内尽量少安排大型活动,保障有效的教学时间。

3. 纪律管理技能

宽严适度的教学纪律是保证化学课堂教学顺利进行和搞好化学教学的重要条件。在教学过程中,教师要注意辩证地利用好纪律的强制因素、学生自身的自制因素和教师人格魅力的亲和性因素。

一是要建立和谐的师生关系。让学生自觉遵守纪律和维护纪律,尊重学生人格,尊重学生自尊心,不一味地依赖严格的班规和班纪。让学生通过演讲、表演、辩论、比赛等多种形式、多种活动提高其主人翁的责任感、集体荣誉感,自觉维护纪律。在此基础上教师要多了解学生,面对学生个体,我们不能搞"一刀切",学生父母的文化程度、对教育的认识、家庭成员的不同认识和理解都会影响学生的亲情感、同学情以及与教师的沟通程度。特别是单亲家庭和重男轻女家庭对学生身心都造成了或多或少的影响,换位思考,替学生多想一些,从不同的角度去了解和感化学生。凡是师生关系和谐的班级,都有良好的课堂纪律。

二是要针对班级的具体情况进行分析和教育。例如，有些班级的学生在上课时出现问题马上就想讨论，课堂上出现一片嗡嗡声。此时就要抓住带头讨论的学生，并进行纪律教育，还要在班上做"勿以善小而不为，勿以恶小而为之"等相关纪律教育，使学生认识到课堂纪律的重要性，并自觉维护好课堂纪律。

三是要做到纪律管理的条款细致化。比如，对上课的纪律要明确提出不说话，不在教师没有布置讨论问题时随便讨论，不做与学习无关的事情等。凡是违反了纪律的同学，要受到在全班同学面前背课文或写化学方程式等惩罚，促使学生认真遵守课堂纪律。

三、问题处理技能

一是要对出现的问题做出准确判断。在课堂教学过程中，常常会遇到各种各样难以预料的问题。其中有些问题如果不及时解决，就会影响教学的顺利进行。如上课时遇到学生睡觉、玩手机、做其他事情、吵闹、打架等问题，教师必须准确判断是否需要马上解决，拖延会不会影响后续教学活动，问题属于什么类型、性质（要分轻重），是如何产生的，原因是什么，怎样有效、迅速地解决问题，原因是否在教师方面，能否发动学生解决，等等。

二是要善于处理偶发事件。偶发即不分时间、场合的突发事件。教师没有准备，学生在课堂上违规是"百花齐放"的，很多问题是始料不及的，对偶发事件的处理既能展现教师的人格魅力，又能展现出教师在学生心目中的形象。教师的语气、语态、体态都会影响对偶发事件的处理。处理偶发事件时要注意说话的语气及态度，有理不在声高，引用一些听起来顺耳又能教育人的常用语言，如"年轻人，冷静点""请勿扰乱课堂"等，课后有理再说也不迟。不要对学生气势汹汹，要因人而异，因事而异，能让气氛缓和时尽量缓和，事后再进行教育。教师在处理偶发事件时还要做到不偏心。特别要注意避免"先入为主"的心理，如果在处理问题时对学习好的学生偏心，那么这个教师在学生心目中的形象会大打折扣。一定要立场公正，处理事情要有原则，奖惩分明，是非分明，不包庇成绩好的学生，对成绩差的学生不要有偏见，即注意这种"一好遮百丑、一丑遮百好"的心理。

三是要学会冷处理。对课上发生的一些小事件，教师不要急于处理，更不能急于发表意见，以免做出过敏和过激的反应，师生可以共同冷静思考几分钟，以免影响课堂教学。让学生心里有数，课后再进行处理，或让学生说出事情缘由，分析利害关系，分析自身优缺点等。不一定总让教师来说明情况、讲明道理，中学生具有一定的是非辨别能力，要让他们在成长中逐渐形成正确的价值观和人生观。

四、课堂调控技能

课堂调控是实现预定教学目的的必要和有效的手段。课堂调控时教师要做到建立期望，让学生了解和接受学习目标和完成学习任务，了解教师的期望，促进学生主动学习。充分利用教学情境激发学习兴趣，并利用兴趣的迁移和发展来进行情感调控。通过学生自评、互评和教师评价，使学生及时得到自己学习情况的反馈信息并进行强化，评价时要以表扬和鼓励为主，让学生正确、全面和辩证地认识自己。

教师在课堂调控方面必须做好节奏控制，教学节奏是指某些教学参数在连续的教学过程中，时间分布上连续、交替和重复出现的规律性表现。这些参数主要有教学密度、速度、难度、强度、重点分布以及情绪强烈程度等。所以，在课堂教学中要力争教学过程张弛有度、节奏合理，防止疲劳，提高教学效率。为了建立良好的教学节奏，教师要努力探究、把握好课堂的最佳教学时段，充分利用学生的最佳脑力状态和情绪状态，将短时注意与长时注意有效结合，适时地形成教学高潮，并要注意教师和学生活动时的及时与适度的变化，以确保课堂教学的高效。

同时，对课堂上出现的问题要有灵活、果断与恰当的反应，并做到发现问题及时调控。在正常的教学过程中，遇到学生上课睡觉、玩手机，甚至吵闹和打架等问题时，教师就要及时地调控课堂。例如，发现学生上课睡觉，可以走到学生面前轻轻地提醒或要同座的学生帮助推醒，课后可再找他问清楚睡觉的原因，只有找到原因后才能对症下药，较好地解决个别学生上课睡觉的问题。又如，学生上课玩手机是目前经常出现的现象，教师可以在上课前提出不能玩手机的要求，在教室前面做些小袋子给学生存放手机，与学生签订何时使用手机的协议，还要发动学生一起想办法解决等。至于吵闹和打架等极端情况发生时，则要立即解决，不能搁置处理。当学生学习积极性不高、参与程度降低、缺乏动力时，教师的调控方式就是调整教学方案，针对学生的兴趣，增加或调整学习活动任务。当学生上课疲劳和无精打采时，就要变换学习活动方式或进行内容调控。当学生注意力分散或受到干扰时，教师要掌握注意力分散的合理性，重在进行引导，给予适当和短暂的应激释放机会，然后通过让学生回忆被中断的学习活动，引导并提醒学生进入教学过程。

第六章 高中化学教学中的素质教育

第一节 高中化学教学与德育教育相结合

一、德育相关概念

（一）德育

《辞海》中对德育的定义为"全面发展教育的重要组成部分，狭义指道德教育，包括道德认识、道德情感和道德意志、道德行为习惯等方面的教育"。《中学德育工作规程》中明确规定："德育即对学生进行政治、思想、道德和心理品质教育，是中小学素质教育的重要组成部分，对青少年学生健康成长和学校工作起着导向、动力、保证作用。"

（二）德育教育

德育教育就是教师有目的地培养学生品德的活动。对于德育范畴的具体理解与界定从不同的角度往往可以得出十分不同的结论。不同的德育定义是不同德育观的反映，对德育实践也会产生不同的影响。对德育概念具体理解的不同之处主要集中在两个方面：一是德育的内容主要包括哪些；二是如何理解德育过程。这里主要依托《高中化学课程标准》在课程目标中对"情感态度与价值观"的设置，来进行研究如何对高中生的心智进行启迪。

（三）德育的实施原则

德育是为了激发学生学习的兴趣，在学习中体验生活的美好和生命的意义。德育教育的实施须遵循学生的心理发展轨迹，不能简单粗暴地生搬硬套，须遵循一定的实施原则。

1. 目标分解原则

德育教育不可能仅仅凭借一节或者几节课就能达到效果，靠集中课时，集中内容即使达到了效果也不可能长效。高中生的情绪体验是不稳定的，不具备长效性，德育教育要根据教学实际，遵循学生的心理特点，树立长期的、连贯的观点，根据学科的特点构思总体的框架和教育层次使德育教育贯穿于整个教学体系之中，把德育目标落实到知识内容的教学里并持之以恒地予以实施。

2. 有机渗透原则

德育教育不应当是简单的说教形式。高中生正处于青春叛逆时期，对呆板的、机械的说教会产生抵触甚至是反抗，反而弄巧成拙。德育教育应当是"润物细无声"式的教学，根据学科内容找准契机有机渗透，注重学生的感知能力和情感体验才会起到作用。

3. 简明通俗原则

德育教育要注意学生的知识获取能力有限，如果将德育教育内容设置得过于隐晦，学生会无法察觉教育者的教学目的。德育教育的目标要符合学生的年龄层次、心智水平，德育过程要通俗易懂，不能过于深奥，使学生难以领会。

4. 潜移默化原则

高中生有一定的评价能力，也能将自己欣赏的事物转化为自己行为的动机。每一个德育工作者角色的定位不仅要言传，更要身教，要用自己严谨的工作态度、崇高的爱国热情、良好的职业道德感染学生，产生潜移默化的作用。

（四）德育的运作方法

1. 榜样教育法

榜样的力量是无穷的，它用具体生动和崇高的形象来教育学生，易为学生领会、接受和模仿。古今中外著名的学者、仁人志士都是德育工作者的素材，而且选择时不仅要用时空较远的榜样教育学生，也应随时收集一些家乡附近的先进人物的事迹，使学生易于接受。另外也可讲述学生中的榜样，由于同学之间所处的时代、年龄、思维方式接近，所以学生榜样更富有教育意义。

2. 灌输教育法

在摆事实、讲道理的前提下，以理服人，使学生心悦诚服，从而提高他们的道德认识，启发他们的自觉性。灌输是一种较好的教学方法。进行德育教育时灌输的具体做法有

板报、讲座、集会、报告等。

3. 情景教育法

根据德育的教育教学内容，创设适宜的学习情境，从而使学生的情感受到感染，在情感上产生共鸣，从而达到思想认识的共识，加深理解道德观念，达到知行统一的目的。具体做法有观看影视作品、实物、挂图等。

4. 实践教育法

实践教育法是组织、引导学生参加各种化学实践活动，在社会生活中调动和利用各种社会力量，对学生进行生动的、具体的德育教育方法。在有目的、有计划的课外活动中提炼一些德育素材补充课堂内容，可以起到强化作用。

二、高中化学与德育的相关性分析

（一）化学与德育

1. 化学学科特点

化学是在原子、分子水平上研究物质的组成、结构、性质及其应用的一门基础自然科学，其特征是研究分子和创造分子。迅猛发展的化学已成为生命科学、材料科学、环境科学、能源科学、信息科学等领域的重要基础，它在解决人类社会发展过程中面临的有关问题、提高人类的生活质量、促使人与自然和谐相处等方面发挥着重要的作用。化学学科正是因为涉及面广，学科知识较为琐碎，所以有学生将它誉为"理科中的文科"，但正是因为与多学科交叉才更体现出它的基础学科的重要特征，因此德育教育不能忽视化学学科这一阵地，而在化学教学中必须要重视德育教育。

2. 高中化学特点

高中化学在知识层面上体现了以下两个特点。

①知识由"形象"到"抽象"。如勒夏特列原理、阿伏伽德罗定律等都是学生在日常条件下无法感知，需要运用辩证的逻辑思维去体会的知识。

②知识由"现象"到"本质"。进入高中学习阶段，化学学科的课程设置不再单纯地局限于"结论式"的知识学习而是更多地需要探究其内部的深层次原因，即事物的本质。例如，高中阶段将化学反应按氧化还原反应和非氧化还原反应分类，高中阶段是依据"有无电子的得失或偏移"这一本质的原因来判断是否为氧化还原反应，而这种学习的过程也

需要学生由"感性学习"到"理性学习"的转变。

3. 德育对化学教学的促进作用

德育教育的实施可以净化学生的心灵，端正学习态度，提高学习的积极性。在化学学科中渗透德育教育有助于学生坚定学习化学的信念，正确运用化学知识改善、解决生产、生活中的问题，也有助于学生树立可持续发展理念，激发学习的热情，还可以通过学生的爱国情操鼓励其了解我国现阶段化学工业的发展现状，树立为国家强大而努力学习的意识和责任感。

4. 化学教学在学校德育中发挥重要的作用

化学学科是一门重要的基础学科，蕴含着丰富的德育内容，化学课程标准指出：结合教学内容对学生进行思想品德教育是化学教学的一项重要任务，它对促进学生全面发展具有重要意义。只要深入挖掘德育因素、有机整合，时刻注意在德育教学的各个环节中渗透德育理念，让每个学生都参与到教学的过程中，不仅可以提高学生的科学素养，还可以形成正确、健康的世界观、价值观和人生观。

（二）高中化学课程与德育

1. 高中化学课程标准中的德育内容

在《普通高中化学课程标准（试行）》中无论是课程理念还是教学目标中都强调要在化学教学中渗透德育理念，将学生德育教育视为重要的教学内容。

2. 高中化学教科书中的德育内容

高中化学必修1、必修2是在学生结束了初中简单化学知识学习后面向全体高中学生的基础教材，在内容设置上包含了化学实验、化学反应类型、金属及其化合物、非金属及其化合物、物质结构、元素周期律、化学反应与能量、有机化合物、化学与可持续发展等内容。其中涉及德育教育的内容有：通过学习化学研究对象，知道当前化学发展的基本特征和未来化学的发展趋势；通过化学实验的学习，规范实验操作的行为并树立安全意识；通过对化学反应类型的辨析，学会运用辩证的方法解决问题；通过金属及其化合物、非金属化合物知识的学习，了解化学对提高人类生活质量和促进社会进步的重要作用；通过掌握物质结构、元素周期律的知识，能了解物质、结构、性质之间的联系，培养学生勤于思考，透过现象看本质的能力；通过对能量及可持续发展内容的学习，培养学生实事求是客观看待事物的态度，树立保护环境的意识以及热爱家乡报效祖国的责任感和使命感。

高中化学选修教材是在必修内容的基础上对相关各领域进行了拓展和延伸，从选修1到选修6相互独立、各有侧重是为针对不同特长的学生而设置的。选修1为《化学与生活》，在本书中内容可以概括为化学与健康、生活中的材料、化学与环境保护等，体现了化学与人的衣、食、住、行息息相关，可以渗透的德育内容为生命教育、环境保护教育；选修2为《化学与技术》，在本书中主要包括：化学与资源开发利用、化学与材料的制造应用、化学与工农业生产等内容，可以涉及的德育内容为国情教育、化学史教育、环境保护教育和可持续发展观教育。选修3为《物质结构与性质》，本书内容为：原子结构与性质、分子结构与性质、晶体结构与性质。物质结构理论是现代化学的重要理论，所以本书中主要的德育内容是让学生掌握辩证唯物主义的方法论，逐步形成科学的价值观。选修4为《化学反应原理》，主要渗透的是节约能源、实事求是的德育内容。选修5为《有机化学基础》，包含了生命教育、国情教育等德育内容。选修6为《化学实验》，可以概括为要求树立绿色化学的观念，培养严谨细致的科学态度，强化实验安全意识等德育内容。

三、高中化学教学中实施德育教育的策略研究

在高中化学教学过程中，如果教师能结合化学学科的特点，充分挖掘化学学科德育功能的思想，能运用恰当的、多样化的教学策略，可以使学生对课堂产生浓厚兴趣，进而增强德育教育的效果。在教学设计实践中，根据学生特点、教学内容以及自身特征，参考其他教师的经验积累、结合相关文献资料，总结形成了一些在高中化学教学中实施德育教育的策略。

（一）以生为本，关注内在德育需要

在高中化学教学中实施德育教育，首先就要以生为本关注学生内在的德育需要。要让德育教育回归生活，帮助学生学会做人，就要在实施德育教育的过程中突出学生的主体地位。每一个学生都有得到尊重、寻求成长、获得认可、体验成功、自我发展、展现价值的需求。在化学教学中，要让学生有良好的自主体验。重视学生的亲历过程，让学生的眼、耳、手、口、脑都动起来，全方位地参与到学习活动过程中，在真切感受和深刻理解的基础上对事物产生特定的情感。通过德育教育实现学生自身的道德需要与愿望，并从中体验到某种满足、快乐、幸福，获得一种精神上的享受与愉悦；使学生学会用道德的方式体验生活、感悟生活、享用生活、创造生活，获得自我肯定、自我升华。这也是德育教育的终极追求。

（二）创设情境，营造积极德育氛围

教师要善于在化学教学中营造创设德育教育的具体情境或氛围，有景、有情，由此激发、唤醒学生的情感、态度与价值观，进而形成良好的道德品格。

什么样的情境才能激发学生的情感共鸣呢？联系实际、贴近学生日常生活的那些情境最能触动学生心灵，引起强烈的情感共鸣。在化学教学中，教师要根据与现实生活密切相关的生动、具体的问题或事例来创设德育情境。例如，广泛利用学校、家庭、自然、社会、网络中的各种资源来营造德育教育的史实情境、故事情境、生活情境、实验情境、生产情境、文学情境、美学情境等，使学生在此基础上掌握知识，发展能力，产生感情并生成意义；日常生活中与所学内容相关的事件和经验，能使学生感受到化学提高人类生活质量和促进社会发展的积极作用。还要关注与化学有关的环境、社会和生活问题，能对其做出合理的判断，逐步形成可持续发展的思想等。

（三）多角度、多途径挖掘德育素材

教师要想在高中化学教学中有效地实施德育教育，就必须对自己所能够搜集到的各种资源进行深入、系统的挖掘，从中找到化学教学与德育教育的结合点，并将其付诸实施。德育教育正如一粒种子，必须有其合适的土壤才能有所收获。只要是在学校情境中，有教师和学生的接触机会，德育教育便无处不在。可以研究化学教材中的德育素材，教学过程中师生互动、生生互动时的德育素材，练习、试题、作业之中的德育素材，课堂之外教师与学生单独交流时的德育素材。比如，课前可以在备课过程中发掘德育素材，以适当的形式和内容进行品德培养；在课堂教学中渗透德育过程；在课外活动中深化德育效果。教师还要主动地扩大知识面，积极地了解交叉学科，充分利用如图书、期刊、网络等资源寻找化学教学中的德育因素。

（四）注重学生的自主、合作、探究

学生个体的道德品格是在群体互动中形成的，个体间具有相互影响、相互感染的特性，在一定的学习情境中，他人的情绪和情感体验会对其中的个体产生影响。教师在教学过程中，要为学生的自主、合作、探究式学习提供平台和空间。

在合作学习中，学生之间是合作伙伴关系，共同参与讨论和学习，每个人都承担一定的责任，小组最终的成功依赖于每个人的努力，彼此之间是一种患难与共的关系。而合作讨论更能为每个学生提供展示观点和体会的机会，在更加广阔的情境中进行交流，最大限度地实现了心与心之间的沟通与交融。学生感受到被他人接受、信任和认同，能增强他们的自我意识，同时彼此的相互映照与渲染也可使学生在思想和观念上产生新的冲击，以情激景，使他们的情感体验得到进一步的升华。这样，学生体验到同小组成员之间合作的重要性，培养了学生的参与意识、合作精神和合作能力，获得情感上的发展和人格上的升华。

（五）善于及时抓住适合的德育时机

在化学教学中实施德育教育，把握好德育的有利时机，进行适时、适当、适量的教育，不仅能使德育教育事半功倍，而且还能显著提高课堂教学效果。

第一，要抓住学生的关注点。当学生对某事或物特别关注时，会激发出极高的热情，在情感和思想上都会产生兴奋点，这是德育教育的好时机。

第二，要融入学生的情感线。教师对化学学科的情感、对学生的情感，直接影响着德育实效。学生的感情比较细腻和丰富，如果学生在课堂中始终感受着一种化学世界奇妙的魅力，一种不断探求化学科学的求知精神，学生将会不由自主地全身心地投入化学的学习中。

第三，要尊重学生的差异性。高中生喜欢追求个性，喜欢别出心裁、与众不同。不要以唯一的标准衡量学生，要关注学生的差异，找到每个人的优点和特长，采取适当的德育方法，找到最适合的德育时机。

（六）方法灵活适度、恰到好处

在高中化学教学中实施德育教育，要注意德育方法的灵活性，切不可生搬硬套、教条死板，更要掌握好恰当的"度"。既要把握德育内容的"度"，也要把握讲授时间的"度"。既防过，也要防不及。在备课时应把课堂的重点确立在教学内容上，教学中实施德育力求达到潜移默化、不着痕迹、水到渠成的效果，而不是大篇幅地特意为之。要把握好德育教育切入的时机和火候，不失时机地、有分寸地触及学生心灵的敏感角落，使德育和智育之间连续而无折点地平滑过渡，让学生在汲取知识营养的同时，不经意间也受到了德育教育，做到德育和智育的有机结合。

（七）努力提升教师自身的德育能力

教师是化学教学中实施德育的主体，教师的德育理念、人格修养和学生观等德育能力是影响教师实施德育教育的主要因素。这样就对教师提出了较高的要求。

1. 更新德育理念，不断加深德育理解

教师要树立以人为本的德育理念，只有融入对教育的无限热爱、对人性的深刻理解和尊重以及教师高尚的人格中，才能在对学生进行德育教育时充分体现出来。教师要提高自身哲学思辨能力，结合化学学科的特点，在教学过程中加深对人生、对生命的理解和感悟，教学相长，不仅对学生进行了德育，也改善和提升了自己的品性修养。

2. 提高自我修养，成为学生的榜样

教师是化学教学中实施德育教育的主要力量，教师的素养如何，直接关系到德育教育的实施与效果。教师本身就是德育的教材，教师的言谈举止、处事方法、人格品性，都会给学生以潜移默化的影响。只有教师处处以身作则、亲身示范来引导学生的行为习惯，学生才会在教师的榜样示范下形成良好的道德品格。

3. 构建和谐关系，搭建平台助力学生成长

师生双方都是平等、真实、完整的个体，在直觉与感觉、情感与理性、知识和经验、思想与行动的相互交往和理解中获得了沟通和共享。师生之间的情感交流是相互的关怀、爱护、尊重、信任，只有师生双方情感融洽，思想才会发生交流和认同，在师生情感产生共鸣时，受教育者的可塑性最大，接受性最强。教师要发自内心地理解、尊重和关爱学生，构建起共享的和谐关系，共享精神、知识、智慧、意志等，为学生的健康成长搭建广阔的平台。

4. 善于学习、惯于总结、勤于反思

在化学教学中有效实施德育教育，要求教师不断提高自身的德育能力。这需要教师经常向专家、向书本、向同事学习，在实际教学中不断积累和发现适合的德育方法，寻求适合自身特点和学生特点的德育素材和德育时机，不断创新方法和勇于改变，通过总结与反思，形成属于自己的德育能力和德育风格。

四、高中化学教学中实施德育教育的实践研究

（一）高中化学资源中德育素材的层次

高中化学资源中的德育内容非常丰富，而且随着人生经验的积累和对化学学科的感悟，许多教师能挖掘出更多可以用于德育教育的素材。在实施德育教育的时候，如果能把

握好德育素材的层次，会使德育教育更系统、更整体。

概括来讲，德育的内容包括四个层次：其一，与自我或个人有关的，如真诚、诚实、守纪律、勇敢、善良、容忍、自尊、自我完善，个人的人生观、世界观、价值观和个人的哲学思想和精神追求等；其二，与社会有关的，如合作、公民权利和义务、公共精神、慈善和考验、尊重他人、社会公正、尊重人的尊严和权利、劳动等；其三，与国家有关的，如爱国主义、国家意识、忠诚、和平等思想；其四，与生态环境有关的，如环境保护、生态平衡、可持续发展等。

以下将高中化学中相关的德育素材进行了简单的分类和条理化，不一定充分体现德育素材的层次，仅为层次体系举一些例子。

1. 促进学生个体性功能发展的德育素材

（1）体会初步的哲学思想。

化学中蕴含着哲学，哲学也离不开化学。化学学科的教学为高中生体会初步的哲学思想提供了丰富的例证，使学生逐渐地、自然地形成辩证唯物主义的世界观。比如氧化还原反应中体现了对立统一规律；原子结构、元素周期律中体现了量变引起质变的规律；优化产业结构，对工业废气进行综合处理，化害为益中体现了事物的两面性等。

（2）形成良好的科学态度。

高中化学学习的主要目的之一是培养学生的科学素养。化学是一门以实验为基础的科学，科学的态度就是要尊重客观事实、重视理论与实践的结合，善于质疑、勇于探索、实事求是、敢于创新、严肃认真、谦虚谨慎、坚持真理、修正错误等基本内容。引导学生在实验中发现问题，既要勤于思考又要敢于突破，既要大胆猜测又要实事求是，以增强学生观察和探索的乐趣，培养学生敢于质疑、创新的科学精神。

（3）关注健康，热爱生活。

高中化学的知识内容与生活生产实践联系密切，而且相关实验大都具有生动性、趣味性和探索性，而这些特征恰好符合高中生的认知特点，有利于激发学生的学习兴趣。学生在学习过程中一旦对学习具备了强烈的好奇心，就会产生求知欲和树立正确的人生目标，学习就不是一种负担，而是一种享受。通过化学的学习，学生不仅学会了知识与技能，更激发了关注健康、热爱生活、乐观生活、健康生活、品质生活的热情。

2. 促进学生社会性功能发展的德育素材

（1）爱国主义教育和国情教育。

中华民族有着光辉灿烂的化学史，在很多领域都处于世界领先地位，形成辉煌的化学文化。通过把中华民族在古代、现代化学领域中的重大贡献有机地结合起来展示我国在化学上的发明创造、通过介绍化学领域的名人逸事，提高学生的民族自豪感和自信心，使学生产生最自然、最朴实的爱国情感，提高学生的责任感和使命感。

（2）培养良好的社会责任感。

在教学中，教师可以收集与化学有关的新闻和社会热点问题，通过分析其中的化学原理而帮助学生形成对美与丑、善与恶、健康与腐朽的分辨能力和免疫能力。通过对一些社会现象进行化学上的分析与批判，培养学生求真识伪的科学道德观。通过化学与人类生存、生活和发展的关系，培养学生正确认识化学、合理利用化学的社会责任感。但是需要注意的是，教师应该结合社会现象时，要为学生呈现尽量多的正面的事实，让学生对化学进行客观评价，对社会、对化学、对未来充满信心，使学生关注社会，树立为人类文明和社会进步而努力学习的责任感和使命感。

（3）学会相处、团结合作。

化学是一门以实验为基础的自然科学，在化学教学中与现实生活密切相关的内容，尽量采取学生实验的方式进行教学，以增进化学学习的趣味性。成功的实验需要经过精心设计、规范的操作、默契有序的配合。高中化学实验一般需要多人合作，教师要因势利导，引导学生分工协作，为学生提供交流与讨论的机会，促进彼此的交流和情感沟通，使学生通过合作学习，取长补短、互相帮助、互相启发、共同进步，养成尊重知识、尊重他人的品质，有益于培养学生的团队精神、合作能力、责任意识和正确的价值观。

（4）环保教育、安全教育。

一些地方片面追求经济发展、盲目使用化学制品，使环境日益恶化。教师在教学中要鼓励学生关注环境问题，有意识地利于学生形成科学的自然观和严谨求实的科学态度，更深刻地认识科学、技术和社会之间的相互关系，逐步树立可持续发展的思想。在演示实验、学生实验和课外实验中，要指导学生正确处理废液、废渣和剩余药品，尽量减少对环境的污染，增强学生环保意识的同时强调化学中的安全教育。

（二）高中化学教学中德育素材的挖掘

1. 教材中的德育素材

在化学教学中，某部分内容是否可以作为德育素材，是个仁者见人、智者见智的问题，跟教师的德育意识、德育灵感和德育能力相关。化学教材是课堂教学的主阵地，在教学过程中多思、多想、多发现、多感悟，就能不断挖掘教材中的德育素材。根据教学实际收集高中化学内容中的部分德育素材。下面举一个例子。

课程名称：研究物质性质的基本方法（钠）

课程中的德育素材：第一，引导学生通过观察、分析实验现象，体会如何科学、合理地运用观察方法，激发学习化学的兴趣，乐于探究物质变化的奥秘。第二，通过对钠在不同条件下燃烧产物不同的分析、氧化钠和过氧化钠性质的比较，让学生体会实验方法在化学研究中的作用，并认识实验过程中控制实验条件的重要性，使学生领悟"内外因相互作用"的辩证思想，认识内因是变化的根据，外因是变化的条件，外因通过内因而起作用。第三，在归纳金属钠的性质的过程中，让学生体验分类、比较等科学研究方法在学习和研究物质性质过程中的作用。第四，运用多种教学方式和手段，引导学生积极主动的学习，掌握最基本的化学知识和技能，了解化学科学研究的过程和方法，形成积极的情感态度和正确的价值观，提高科学素养和人文素养，为学生的终身发展奠定基础。第五，在进行钠与水反应、钠与氧气反应等实验时，结合实验操作向学生强调化学实验安全的重要性。

2. 教学中的德育素材

当然，德育教育并不是跟学生简单说几句话、简单讲一些道理就能实施得了的。教材中的德育素材主要经由课堂教学过程实施，但是化学教学不是下了课就结束了，只要在学校情境中，教学就在延续。比如，在教师的备课、习题的选择、作业的批改、与学生的交流中，德育教育都在继续。

（1）在教师的备课中体现德育思想。

教师的备课，不仅要了解学生的学习情况、选择教学策略与方法、准备知识与技能、优化过程与方法，还要体现实施德育的意识、准备充分的德育素材、预设适当的德育时机。只有在上课前有了实施德育的思想、形成实施德育的意识，才不会在课堂教学中忽略德育过程，才能在课堂上有的放矢，才会将德育教育真正落到实处。

（2）在习题的制作上体现德育理念。

在教学过程中，教师很多时候需要制作练习题和试卷，这个过程中也能体现德育理念。比如，很多时候我们出练习题，结构大体如此：基础巩固；能力提升。

这种习题设计形式既体现了学生做题选择的层次性，题量适中又不会给学生带来较重的作业负担。但是，这样的试题看起来只是试题而已，没有丝毫的感情色彩，完全看不到教师的殷殷期望。

在设计的习题呈现方式上对学生的道德情感、道德态度和价值观有着更为积极的影响：基础巩固，扎扎实实重基础，稳稳当当来巩固；能力提升，勤学善思出能力，厚积薄发方提升；当你面对以上几道题露出成功的笑脸时，你已经顺利达到了本阶段的高峰。准备好了吗？让我们一起向下一个目标迈进吧！

虽然只是添加了几句简单的话，但都充满了对学生的要求与鼓励，试题不再冷冰冰没有情感，而是有了一层对学生的关爱和期望。对学生来说，体会了这些话再做这些题的时候，可能就会有不同的情感体验，慢慢消除对困难的恐惧，对化学更有感情，对教师更显亲切，更能感受到教师对自己的良苦用心。

（3）在作业的批改里渗透德育因素。

如果不是班主任，课下学生与化学教师的接触并不多。而学生经常上交的作业，就可以成为师生之间交流的一种媒介，可以作为一种德育实施的途径。比如，针对完成质量非常高的作业，给其打到最高等级并且写上"好!"字，可以让学生有一种被认可的感觉，细心的学生可以收集最高等级和"好!"的个数，作为评价自己表现的一个依据；针对完成质量一般的作业，教师可以根据学生表现情况，适当写上"脚踏实地，方能鹏程万里!"或者"水滴石穿，厚积方能薄发"等语句，让学生反思自己身上出现的问题，并及时改正；对学习比较吃力、作业完成不理想的同学，一定要注意提出要求与鼓励相结合，如"付出必有回报! 加油!""相信自己! 一分耕耘、一分收获!"等，让他们鼓起前进的勇气，更加努力地投入学习中。教师在作业批改中加入自己的感情和心情，学生会感受到的。日久天长、日积月累，定会对学生有正面影响。

（4）与学生的交往中进行德育感染。

高中阶段的学生，尤其是高一的学生，心理还不够成熟，很多时候易冲动、任性，做决定不够理智。当在学习中遇到了一些困难和障碍时，如果意志不够坚强，勇气不够充足，很可能就会自我放松，甚至自我放弃。因此，在与学生的交流沟通中，一定要给学生创造一种"动力补给系统"，让暂时灰心丧气的学生恢复自信，让一时落后的学生鼓起勇气，让偶尔骄傲自满的学生脚踏实地，帮助学生纠正缺点、弥补不足，为学生提供源源不断的正能量。

3. 其他途径中的德育素材

教师的教学活动不能完全局限于学校情境，要不断学习和拓宽自己的接触面，通过其他途径发现和挖掘德育素材。毕竟个人的思想和智慧是有限的，要不断学习他人的经验和思维，提升在化学教学中实施德育教育的感知与感悟。以下是从互联网上选取的一些化学中的德育素材，在课堂教学中适时使用，也具有很好的德育效果。如从网络资源中选取的适合德育教育的哲理短语。下面举几个例子。

人心犹如试管，不要太贪婪。装下三分之一足矣！否则，一旦喷发，伤到别人，也会伤到自己。

不是电解质也不一定就是非电解质。所以，对你不好的人也未必就是坏人。

对待得失恰似氧化还原，得到会使你的价位降低，而放手却能使你的价位升高。

有些人犹如某些金属离子，只有在火焰上灼烧，并透过蓝色钴玻璃才能把他看清！

人生就像化学反应，大多数的付出不会得到100%的回报，可是还得坚持。

人生就像化学反应，有些事情较温和的条件就可以成功，有些事情需要被提供强烈的条件才能成功。

人生就像化学反应，有些事情很短的时间内就能成功，有些事情需要较长时间才能成功，有些事情压根就不能成功。

人生就像化学反应，多数人随着年龄的增长发生了质的变化，而不仅仅是物理上量的变化。

人生就像化学反应，选择了错误的职业和错误的伙伴，就很难反应（比如，强的氧化剂硬是要它作还原剂）。因此应做适合自己的事，也就是喜欢的事。和喜欢的人共事，有道是志同道合方能共事，才能成大事。

化学变化与物理变化的本质区别在于在变化过程中是否生成新的物质。而不能单从形态的改变、颜色的变化、气泡的产生、沉淀的出现、发光放热等外在现象确定。

正如我们对人或事的认识，不能被美丽的外表所蒙蔽，"以貌取人"；人往往最容易被事物的外表特征所误导，其实眼见的不一定是事实的真相。把握本质，才能真正认识人与事物。

爆炸极限：如氢气，当空气中混入的氢气的体积小于总体积的4%时，既不能燃烧，也不发生爆炸；但当空气中混入的氢气的体积达到总体积的4%~74.2%时，点燃就会发生剧烈的爆炸；当空气中混入的氢气的体积大于总体积的74.2%时，点燃就能正常地燃烧。

第二节　高中化学教育与培养学生创新意识相结合

一、培养学生创新意识的必要性与意义

（一）培养学生创新意识的必要性

第一，创新意识是决定一个国家和民族创新能力最直接的精神力量。在当今时代，创

新能力是每个国家和民族发展能力的代名词，是每个国家和民族解决自身发展问题和自身生存问题能力大小的最关键和最重要的标志。尤其对青年人，面对激烈的竞争，更要敢于开拓思维，勇于创新。青年人是国家和民族未来的希望，青年人的思维停滞不前，对国家和民族的发展是极为不利的，培养青年人的创新意识是今天尤为重要的任务之一。

第二，创新意识促进社会多种因素的变化，推动社会的全面发展。创新意识是在社会生产方式的基础上建立的，它的形成与发展会进一步促进社会生产方式的进步，以此带动经济的快速发展，从而推动上层建筑的发展。创新意识是进一步推动思想解放，帮助人们发展意识、领先意识的先进理念。创新意识会促进社会政治走向更加民主、宽容的发展方向，它是创新和发展社会的基本条件，而这些条件又能促进创新意识的发展，更有利于创新。

第三，创新意识促进人才素质结构的变化，提高人的本质力量。创新的本质建立了一个新的人才标准，它代表了人才素质变化的性质和方向的输出，是一种重要的信息。社会需要充满生机与活力，以及具有较高的开拓精神的人、道德素质和科学文化素质的人。它客观地指导人的发展目标，提高自身素质，使人的本质力量保持在较高的水平。它刺激了人的主体性、主动性、创造性的发挥，使其自身的内涵大大地丰富和拓展。

第四，创新意识能推动创新活动。创新是指人类物质文明、精神文明，以及所有领域和所有级别的观念，抛弃落后的东西，创造先进的、有价值的事物的想法和活动过程。创新意识，指的是人们根据个人生活和社会发展的需要，从而创造前所未有的观念，或者前所未有的事物的动机，并在创造过程中表现出憧憬、意向和设想。

（二）培养学生创新意识的意义

人类生命的本质在于创新，人类未来的希望也在于创新。在 21 世纪这个知识经济时代，创新的能力是国际竞争成败的关键，是经济与社会发展的根本动力和决定性因素。对一个人来说，如果失去创新能力，他的一生将一事无成。对一个民族或国家来说更是如此，没有创新能力，将是这个民族与国家的悲哀。创新是人人都具有的能力，只要掌握创新思维的方法，就能达到创新的目的。《辞海》对"意识"的解释是："高度精练，高度组织的特殊材料——人类大脑的功能，特别是对客观现实的反映。"从生理方面来看，人的意识有另一个信号系统的功能，它是先进的神经系统发展的表现，是在劳动的基础上产生的共同语言。意识不仅是大自然的产物，也是社会的产物。在哲学上，意识和思维是同一类的、同一意义的概念，都是人脑对客观现实的反映，在这个意义上，它们可以通用。

但"意识"一词的范围比较广，包括认识的感性阶段和理性阶段，而思维则仅指认识的理性阶段。"意识"这一概念，在很多场合都被使用，但它在不同的场合含义全然不同。"意识"应用于"创新""信息""科学"等场合，其含义是指它的能动性的一面。它是一些客观存在所引出的思想，这个思想指导人的行动，使行动具有目的性、方向性和预见性。所说的"创新意识"就是根据客观需要而产生的强烈的、不安于现状，执意于创造、创新的要求的动力。这种"动力"是指心理上的一种内在驱动力、推动力。科学技术的创造、创新的动力就是驱使人去追求发明、发现的强烈愿望，或者叫强大的推动力量。这种力量的来源，首先是一种渴望认识世界的激情。那么，激情是什么？激情是一种强烈的情感表现形态，是主动的，具有迅猛、难以抑制的特点。人在这种激情的作用下，能爆发出无穷的力量，一心扑在研究工作中，可以几天几夜不睡觉也能做到精神十足。人在激情的支配下，常能调动身心的巨大潜力，使之出现超乎寻常人的状态。黑格尔说过："要是没有热情，世界上任何伟大事业都不会成功。"科学技术的创新尤其需要一种特殊的激情。

创新意识不仅仅是只受过高等教育的人应该具备，处在各个不同层次的人都要培养这种素质，尤其是中学生，他们处在知识结构发展的最好阶段，这个时段的人生是培养创新意识的最好阶段，因为创新意识能给他们带来机遇和成功。

创新是国家兴旺发达的不竭动力，那么，创新意识就是不断取得创新成果的不竭动力。国家"863"计划的倡议者之一王淦昌先生，终生具有创新精神。他是中国现代科学和世界物理学界的一座丰碑式的人物，被人们称为科学创新大师。由于极强的创新意识，使这位创新大师从23~79岁，都有创新成果问世，曾获得国家最高科学技术奖。中学教师在传授知识的同时，要为学生创新意识的培养营造良好的环境。化学作为一门自然学科，在培养学生发现新现象、寻找新过程、得出新结论的能力方面，具有良好的优势，同时通过培养学生学习化学的创新思维，挖掘学生内在的创新意识。

二、高中化学教学中培养学生创新意识的障碍分析

（一）中国传统教育方式的障碍分析

在传统的教学过程中，教育模式是教师单向传递课本信息。教学活动对学生造成问题意识淡薄的两个主要因素：第一，教师可以完全利用教材中的给定知识为学生授课。教科书作为权威，认为教科书是毫无疑问的绝对真理，学生不敢质疑，从而使学生迷信书本、迷信权威，不敢大胆怀疑和猜测，在很大程度上限制了学生的问题意识，学生没有问题，

就不会主动思考，无法达到培养学生创新意识的目的。第二，在应试教育背景下，教师在教学过程中的思维过程分析：只重视学习的结果。教师在授课的时候对解决问题的过程不重视，只重视标准答案，这样让学生思考风格千篇一律，阻碍学生的思维发散。学生发散思维得不到充分发展，探究精神就得不到培养，问题意识被摒弃于教与学的过程之外，学生在解题过程中生搬硬套，学生的问题意识自然也就得不到很好的发展，这也导致学生无法打开思维，遏制了学生的创新意识。

（二）学生思维惰性的障碍分析

学生在学习过程中被动地学习，仅仅依靠教师在课堂上的知识单向传授，不习惯于通过自己的实践与探索来发现新知识，不能很好地利用批判性思维，缺乏征服问题的毅力，缺乏敢于创新的精神，因此学生在心理、思维、意志上产生了惰性障碍。加之学生年龄小、社会经验不足、知识基础薄弱、知识结构不完善，从而影响了他们问题意识的产生，阻碍了他们创新意识的发展，使学生面对熟悉的问题不能很好地思考，不能很好地从侧面做全面分析。遇到不熟悉的问题，他们干脆不积极思考，视问题而不见，问题即使萌芽，也不予深究，这样会产生惰性思维。惰性思维是影响学生前进的绊脚石，这直接导致学生缺乏问题意识和创新能力。

（三）学生的信息量及信息处理的障碍分析

教育理论研究证明，创造力与信息量之间存在某种关系。创造力可以在最小的信息前提下产生，也可以在完美的条件下产生。高中生处在身心发展的关键阶段，尽管他们的信息内容比较少，并不可能实现最高形式的创造力，但可能产生强烈的问题意识。由于学生基础知识难以形成合理的系统化、结构化，使信息停在一个混沌状态，从不同角度、不同层面难以形成一个明确的问题。目前学生的问题意识薄弱，缺乏问题意识，信息处理的障碍分析，原因有三：第一，课程的原因，长期以来，我国化学课程以学科为中心，学生综合运用知识的能力较差，影响了学生的思维模式和问题意识；第二，教材结构的原因，化学材料通常是按"章、篇"处理的系统知识，不利于知识的综合应用和有效迁移；第三，教学和学习的原因，我们在传统课堂教学中，信息的传递为单向，使学生的认知更多地依靠教师的口头讲解，这是造成学生问题意识差异的主要原因。

（四）教师权威的障碍分析

教师权威影响学生人格的形成和文化知识的分享。教师权威主要反映在课堂上，它表现在教师权威是真理的化身，它使学生逐渐失去了挑战权威的勇气和思维的多向发散。教师设计了一个严谨的教学框架和教学流程。教师在课堂上一般不允许学生怀疑和反对，教师的启发诱导在某种程度上也是一种权威，教师常常解答问题是唯一的，学生没有足够的自主参与权利，没有足够的教学内容选择机会，他们只是在倾听教师的问题，是对教师权威的服从，这对学生问题意识的产生有负面影响。

四个方面的障碍，是学生创新意识不能很好形成的原因所在。如何跨越这四个方面的障碍，对培养学生的创新意识是至关重要的。

三、高中化学教学中培养学生创新意识的策略实施

1. 激发学生的学习兴趣，增强学生的创新精神

托尔斯泰曾经说过："成功的教学，需要较少的强制，激发学生的学习兴趣。"杜威在发表的著作《教育中的兴趣和努力》中提出，以兴趣为基础的学习与以靠努力为基础的学习效果是迥然不同的。著名教师于漪有一句话："课的第一锤要敲在学生的心灵上，激发起他们的思维火花，好像磁铁一样把学生牢牢地吸引住。"

学生接触化学这门课程是从九年级才开始的，如何抓住学生的注意力？答案是重视每一节课的教学。教师不仅要充分准备课程内容，同时要在教学的过程中激发学生的学习兴趣，让学生享受学习的乐趣，这是提高学生的创新精神和有效方法之一。在教学中对学生心理特点以及认知的理解，结合化学学科的特点，巧设悬念，激发学生的学习兴趣，使学生产生强烈的求知欲。在教学过程中，教师充分认识到接受的主体是学生，授人以鱼不如授人以渔。如果想要更好地调动学生发挥主体作用，教学中教师应当做到有序、有计划地对每一名学生进行学习方法指导和自主学习能力指导，在指导学生学习的过程中，培养学生对化学这门学科的兴趣，使学生通过反复实践，在熟练的学习过程中寻求创新，从而实现自己的学习成果，进而实现由学会达到会学，最终增强学生的创新能力。

2. 指引学生掌握正确的学习方法、灵活的思维方式和创新活动密切相关

在教学过程中让学生掌握科学方法、创新方法是不可或缺的任务。教师在教学过程中应强调发现知识的过程，创造性地解决问题，而不是简单地介绍结果。在这方面，学习知识不再是唯一的目的，同时也是对科学本质的理解，培养学生的思维能力，让他们掌握科学的方法，提高创新思维能力。

创新应该从怀疑开始，怀疑就是学生对问题的思考，这是至关重要的。发散思维，是多角度、多方面的思维模式。有些传统的教学方法会抑制学生的创造性思维。统一的学习

方法抹杀了学生的思维特点，标准答案不允许学生犯错误，更加不允许批判性思维和发散思维。过度依赖演绎教学法使学生不能跳出教科书和教师的手。因此，在创新教学中要适当调整教材结构和体系，加强创新思维方法和技巧的训练。比如，在化学教学中可以设置一些开放性问题，运用头脑风暴法、力行法等创新思维方法进行解决等。

3. 创设良好的学习情境

创新课堂教学，教师应努力创造一种"以人为本""以学生为中心"的课堂环境，创造一个有利于发展创新教学的课堂气氛。

创新教学的特点之一是问题性。学生对问题的产生和困惑，以及寻求解决办法的渴望是创新教育的前提。教师要创造性地设置问题情境，营造一种让学生发现问题、思考问题、讨论问题、解决问题的氛围。在教师的指导下，学生通过观察、思考、讨论，自主发现问题，抓住问题的本质，从不同方面，以不同的思维方式，探索多种多样的解决途径。

创新教学的特点之二是探究性。传统的教学活动以"告诉"的方式让学生"分享"人类已有的知识和经验，学生被动地接受知识。教学过程的改革是教师和学生共同探索知识。教师与学生积极地进行双向通信，各抒己见，认真听取对方针对问题的理解、观点和看法，阐明各种意见、看法的原因和理由，平等、公平地讨论，验证各自不同的观点和看法。要让学生在探究的氛围中发现问题、思考问题、解决问题，总结规律。

创新教学的特点之三是个性化。没有个性，就没有特点，没有创新。学校教育需要关注的重要问题是要让学生形成良好的学习方式。创新课堂教学中，营造个性的自由发展空间和轻松的学习气氛是很重要的，让学生充分发挥特长优势，使学生敢于张扬个性，让每个学生体验到学习的快乐，享受到成功的喜悦。如在高中化学教学中把验证性学生实验改为创新性学生实验后，自然地创设了师生平等交流、探究问题的创新学习氛围，另外讨论开放性实验、设计实验方案等都是创设创新氛围的好方法。

4. 培养学生养成主动学习的习惯

良好的学习习惯不是在短短的时间内培养形成的，而是数月或数年养成的。这种习惯一旦坚持下来，就会形成永远的习性，可以让学生终身受益。因此，帮助学生养成良好的学习习惯，使他们更积极地学习是特别重要的。主动学习的习惯主要体现在：除认真完成教师布置的作业外，还能主动增加预览内容，会使用工具书去解答问题，以独立思考掌握的基本知识为基础，进而提出更多的问题。课堂上可以积极展示学习成果，经常主动请教教师和同学，虚心接受别人的意见和建议，与他人合作，在合作中积极提出自己的意见和建议。在操作时能独立完成，积极改正错误。复习时能积极地自我检查，查漏补缺，评价反思等。为了使学生积极倾听、积极思考，学会如何学习，这种学习习惯必须在教室培养，使学生有效地把耳朵、眼睛、大脑运转起来，并充分利用。传授科学的学习方法，养成良好的学习习惯，培养他们的自主学习和思维能力，只有这样才能使学生真正喜欢学习，主动学习，并养成良好的学习习惯。

（1）坚持听。

让学生学会听，注意听，抓住关键。不仅要认真听教师的讲授，听同学的观点，还要听大家认为存在哪些问题。通过这样的听，使学生避免走神，久而久之，让学生认真地听课，认真地做笔记以及课堂上的每一件事情。

（2）坚持看。

主要是培养学生的实验观察能力和注重实验现象的习惯。让所有学生通过自己看、自己观察，发现知识，掌握知识。教师在实验教学中尽量少讲解或不讲解，让学生自己认真地观察，为学生提供足够的时间和空间。在化学教学中的观察，实验现象当然是准确的、生动的，这些可以激发学生的学习兴趣。教师带领学生观察，为学生观察提供提示，让学生通过观察，比较判断。

（3）坚持想。

给学生足够的头脑思考时间，让学生有机会使用他们的大脑思考问题。除了教师的启示，使每一名学生都"想"起来，促使他们动脑，使学生认真对待教师的问题，每个人都进行大脑的思考。经过思考，在头脑中形成自己独特的东西，为己所用。

（4）坚持说。

尽量让学生在课堂上发言，这样能促进学生的思考。沉默会使一个学生失去自信，从而导致思维不开阔，缺乏创新意识。学生敢于在课堂上说话，就会促使他们认真思考，认真倾听，仔细观察。因此，必须重视学生课堂讲话能力培养的教学。

通过上述"四个坚持"，使学生形成良好的习惯，主动学习，这会影响他们在课堂或课外活动的主动参与性。同时，培养学生掌握"四个坚持"会影响学生的思维方式，从生搬硬套变为活学活用，从而进一步激发学生的学习兴趣，提高学生课堂主人翁的地位，对培养学生的创新意识有很好的推动作用。

第七章 高中化学教师的发展探索

第一节 化学教师专业成长的影响因素

教师是推动教育事业向前发展的核心力量。教育的发展离不开教师，教育改革的成败关键也在于教师。目前，我国的基础教育课程改革正逐步走向深入，然而，最美好的课程改革前景，如果离开了教师，都将成为一句空话。近年来，教师的发展成长，尤其是广大青年教师的成长问题已经引起了教育界的普遍关注，日益成为学校工作的一个重点。

一、影响教师专业成长的学校因素分析

1. 学校工作的行政色彩过浓，致使多数教师缺少反思的意识

长期以来，由于历史的原因，学校一直是教育行政部门的附属品，学校工作完全按照教育行政部门的指令行事，没有办学的自主权。教师是学校的附属品，在教学上同样没有自主权，久而久之，导致一线教师缺乏反思的意识和能力。

2. 应试教育致使教师缺少成长发展的机会和条件

时下社会各界、学生家长、教育行政部门和学校追求的仍然是升学率，摆在我们面前的现状是，课程改革实验虽轰轰烈烈却步履维艰，应试教学虽屡受抨击却扎扎实实。这样背景下的教师常成为应试教育的"熟练工"而缺乏创新、反思的实践。

3. 学校缺乏灵活的具有发展性、甄别性的教育评价制度

较多的学校仍沿用传统的教师评价模式，即以学生成绩的优劣作为衡量教师的唯一标准，而且为了抓教育教学质量，学校不得不给第一线的教师加压增力，尤其是骨干教师的负担更重。虽然现在学校大多数已建立起教科机构，但由于应试教育仍占主导地位而发展性的教育评价机制未能真正建立起来，学校一般不能围绕课题研究提出的问题组织和开展

行之有效的交流研讨活动，也就不可能形成激励教师成长发展的氛围。

二、教师成长发展的学校培养策略

1. 加强职业道德的建设

德育是素质教育的灵魂。学校应始终坚持德育为先，坚持以德育人的优良传统，全方位、多层次地开展德育工作，营造和谐的育人氛围，把教书育人、管理育人、服务育人、环境育人落到实处。学校应努力建立一种人格平等、教学互动的教学环境，以德立校，把思想政治教育和师德教育作为教师成长的重要内容。

（1）以科学的理论武装人。

抓好政治理论学习，坚持政治理论学习制度；加强政策、民主法制和维护社会稳定的教育；加强对教师进行敬业爱生、为人师表的教育；加强对教师进行心理健康的教育。

（2）以健全的制度规范人。

要搞好教师思想道德建设，学校应制定各种制度并每月对教职员工进行一次师德评估，每学期进行 2~3 次学生及家长反馈，研究教师的师德行为，对违反师德规定的教师，在晋级、评比中坚决实行一票否决。

（3）以先进的形象带动人。

树典型，倡导高尚师德师风；讲正气，以丰富的活动激励人。通过开展演讲、事迹报告、安全分析、师德研讨等活动，激励教师树立具有高尚师德的形象。

2. 努力营造学习、反思、进取的积极氛围

随着改革开放的不断深化，教育科研、教学改革等领域的研讨活动异常活跃，这就创造出有利于教师强化反思的各种机会。在具体工作中，不少教师已经尝到了甜头。学校应努力创造机会，引导教师学会并参与这些活动，真正让反思成为教师自觉、主动的一种研究意识和能力，使之成为教师的一种习惯。为此，鼓励和指导教师结合自身的教育教学实践开展行动研究、案例研究，不失为一种有效的途径和方法。在活动中广大教师能不断积累和丰富教育教学经验，积极参与相关课题的研究，不定期撰写教育教学心得、案例和论文，长此以往许多教师就能脱颖而出，迅速成长为教育教学骨干。正是在参与活动的过程中，教师们能"逼着"自己通过学习不断反思自己的实践经验，提高自己的认识。

3. 构建发展性教师评价制度，加强教研制度建设，搭建有利于教师成长的平台

心理学研究表明，人的活动积极性源自需求。激发教师的需要、明确追求的目标，是激发教师积极性的基本途径。为此，学校应重点突出以下几个方面的建设。

（1）构建发展性教师评价制度。

评价应是多元性的、建设性的和发展性的，学校可建立"教师成长档案"，对学科带头人、新教师（教龄5年内的教师）等学校中青年教师、接近退休的教师提出不同的要求，从不同的层次引导教师对自己的职责态度、素质能力和教学实效三个方面来评价自己的优点和不足。评价应注重教师本人的纵向比较，关注教师的点滴提高和进步。实践证明，这样的教师评价少了一些"泡沫"，多了一些"实在"，受到广大教师的欢迎。

（2）加强教研制度的建设。

第一，建立"师徒"结对子活动制度。聘请有丰富教研经验的教师对青年教师实施带教，及时指导和督促他们不断积累和总结教育经验，让青年教师迅速加入科研型、高素质的骨干教师队伍，缩短其成长期。同时，加强部门间的联系协作工作，尤其是教务处与教科室的合作，开展课堂教学研究，争取得到扎实有效的课题研究成果，推动教学改革向纵深发展。

第二，推行"五个一"基础工程制度。即每学期读一本教育教学理论书籍、开一堂公开课、在组内或校内做一次教育教学学术发言、写一篇"教学反思"或论文、参加一个课题研究。促使全体教师把教育理论与教学实践紧密结合起来，引导教师成名成家。

第三，抓好教研骨干队伍建设。重点抓好学校领导组、教研组组长、课题组组长三支队伍，充分发挥他们在教研工作中的示范带头作用。通过学术研讨、专题讲座、现场观摩、外出参观等形式分层分类培训教研骨干。

第四，加强学科带头人的跟踪培养与目标管理。学科带头人要充分发挥在教研工作中的示范带头作用，在学校管理、学科教学研究中形成自己的特色，出一些高质量的科研成果，带动本组开展群体性教研活动。对已确认为学科带头人的教师要有计划地展示他们的教研成果，为他们搭建更高的发展平台。

教学质量是学校生存和发展的基石，提高教学质量的关键就是要不断地开展教学研究。课堂教学是学校开展校本教学研究的最主要内容，在新课程改革背景下，出现了更多新颖的模式与内容。积极开展有效的校本教研活动，探索高效的课堂教学模式，是确保学校可持续发展的关键。

第二节　化学教师开展校本教研活动的探索

一、当前校本教研活动的问题与不足

教研组是教师群体进行校本教学研究的基本单元。当前，随着新课程改革的不断推进，教师专业化发展需求的凸显，探索出高效的课堂教学模式已成为当前校本教研活动的主要内容之一，然而细细观察当前教研组的工作，我们仍然不难发现诸多不尽如人意的问题。

1. 教研意识淡薄

在一些教师的眼中，他们进行校本教研活动就是为了完成学校布置给他们的一项"任务"，甚至视教研活动为"负担"，缺乏开展活动的兴趣与热情。指令型、应付检查式和跟风型的校本教研活动在学校仍大量存在。

2. 教研形式单一

校本教研活动流于形式，教师不知道怎么开展有效的校本教研活动。活动形式大多是听一堂教师的课，课后说一些无关紧要的评语，赞扬得多，批评得少；研讨时泛泛而谈，缺少观念的交锋、思维的碰撞。活动是开展了，但对教师的成长不能起到应有的效果。

3. 教研内容失衡

校本教研活动中往往侧重于研究教材教法，忽略了教师行为与学情研究；重视知识传授的研究，忽略了教学技能与学法指导的研讨；重视活动的开展，忽略了经验的总结与资料的积累。

4. 教研安排随意

虽然教研组活动能实现时间、地点、人员的固定，在学期初有计划、学期末有总结，但是大多数教研组活动的内容安排随意、缺乏计划性和连贯性，经常只是一些事务性工作的布置，考虑形式得多，思考内容得少。

校本教研活动的目的就是要有效地激活教学研究，营造互动式对话的氛围，引起教师个体的反思与共鸣，帮助教师实现理念的更新、观念的变革、行为的转变。如何使校本教研活动真正有效地开展起来，促进课堂教学效率的进一步提高，这些都是新课程改革实施过程中值得探讨的重要问题。

二、基于课堂教学的校本教研活动的内容与形式

随着我国基础教育课程改革的启动和深化，以课堂为主阵地，以行动研究为主要方式的校本教研活动已成为教师专业成长的一条有效的途径。在新课程改革的背景下，校本教研活动无论从形式还是内容都发生了变化，其中基于课堂的校本教研活动，更是以崭新的面貌、多变的形式，成为新课程改革持续推进的不竭动力。

1. 同课异构

同课异构这一名称借鉴了化学学科中的同分异构，化学上，同分异构体是一种有相同的化学式、有同样的化学键却有着不同的原子排列方式的化合物。有些同分异构体有相似的性质，但也有的性质相差很大。同课异构中的"课"是指教学内容，"构"是指教学设计。一般而言，同课异构有两种方式：①同一教学内容由不同教师进行处理、组织课堂教学；②同一教师对同一教学内容在不同教学班级以不同的构思处理、组织课堂教学。我们通常所说的同课异构大多是指第一种，也就是不同的教师选用同一教学内容，根据学生实际、现有的教学条件和教师自身的特点，对教学内容进行合理化安排，进行不同的教学设计。不同教师的教学风格、教师对课程资源的组合能力以及教师对教材的处理艺术，在同课异构中均能得到充分展现。充分比较、学习不同教师执教同一教学内容的教学案例，是教师提高专业化水平、提升校本教研实效性的一条有效而便捷的途径。

同课异构要求教师精心研究教材，潜心钻研教法和学法，以便各显风采，各具特色，也为集体研讨提供了很好的素材。这种校本教研活动是教师提高教学水平和教学能力、总结教学经验的一条有效途径，对整个教学质量的提升都有着显著的作用。

以同课异构为主题的校本教研活动的基本流程是：组成小组→确定上课课题→进行教学设计→课堂展示和课堂实录→课后研讨→写出教学案例→形成课例。

活动开展前，教研组应确定至少有两位以上的上课教师及一定数量有丰富教学经验的评委教师组成活动小组。然后由教研组研讨确定上课课题。上课教师根据课题进行教学分析，设计出教案初稿并进行试教。如果时间较充裕，上课教师还可根据试教情况进行教学再设计和再试教，直至确定较满意的教学设计（磨课）。开展活动时先由上课教师集中进行课堂教学展示，评委教师组织好其他教师进行听课（可以是其他学科），记下各自的课堂实录。课后研讨是该活动的重要内容。研讨时首先由上课教师说课（教学设计、课堂生成、课堂自我感觉等），其次是听课教师点评与探讨，最后由主评教师评课（围绕研讨主

题，可利用观课表等），同时完成评课稿。活动告一段落后，参加这次活动的所有教师都可以充分利用教案、观课表、课堂实录、评课稿以及研讨中迸发出的思想火花，结合各自的教学疑难和教学实际写出教学案例。以上过程中的点点滴滴（教案、观课表、课堂实录、评课稿、教学案例、头脑风暴等）都由专人负责记录汇编，从而形成本节课的主题研讨活动课例。

同课异构的教研模式能展示不同教师对教材不同的分析理解、不同的策略选择、不同的资源选用，呈现出课堂教学的多样化。另外，在这样的教学活动中，教师也能正视彼此之间的差异，积极吸收他人的优点和长处，在保持自己风格与特点的同时，相互学习，共同提高。

2. 课堂观察

自从有了课堂教学以来，课堂观察的行为就一直存在。课堂观察，顾名思义，就是通过观察，对课堂的运行状况进行记录、分析和研究，并在此基础上谋求学生课堂学习的改善、促进教师发展的专业活动。在课堂观察中，观察者带着明确的目的，凭借自身感官以及有关的辅助工具（观察表、录音录像设备等），直接或间接（主要是直接）地从课堂情境中收集资料，并依据资料做相应的研究。

课堂观察的主要任务是观察和评价课堂教学活动哪些是有效的、哪些是无效的，甚至是有害的，评价的依据主要是教师的课堂教学行为与学生对这些行为的反应。因此，在实施课堂观察时，要根据观察计划，尽可能准确地记录教师的行为方式与学生的行为反应。由于课堂教学中的人际交往和信息交流相当复杂，需要记录的观察信息是海量的，因此，可以根据研究的重点、评价者的经验、研究的具体条件采用适当的记录方式，如采用录音或录像的方法，也可以用一种特制的专门表格，在单位时间里记录下教师的某一种行为及学生的反应，如每隔90秒钟记录一次教师的行为（讲述、板书、实验等）和学生对教师行为的关注程度等。

课堂观察包括课前观察要素的确定、课堂实时观察与记录、课后分析与评价三个阶段。基于课堂观察的目的和功能分析，课前观察要素的确定是有效开展课堂观察的前提基础，为课堂实时观察及课后分析与评价提供方向与导向（表7-1）；课堂实时观察与记录是有效开展课堂观察的保障，为课后分析与评价奠定基础；课后分析与评价是对课堂观察实施效果的有效提升，对教师专业发展、提高教学质量起到关键性的作用。

表 7-1　基于提问的观察要素及评价标准表

观察要素	要素子项		评价指标
教师提问	问题数量	从一个侧面反映教学理念	对一节课究竟要提出多少问题才适宜并没有明确的界定
	问题	衡量教师提出问题的水平	高水平（紧扣教学目标，问题指向明确，利于突出重、难点）
			中水平（介于高水平和低水平之间）
			低水平（不能紧扣教学目标，问题指向不明确）
	问题类型	衡量所提问题的综合水平	判断型（回答问题不需深刻思考，只需做出判断）
			复述型（对概念、原理等内容的复述或简单应用）
			论述型（运用相关知识对问题做出论证性叙述）
	提问方式	从一个侧面反映教学理念	指定回答（指定具体学生回答相应问题）
			自由回答（未指定具体学生，由学生自由回答）
学生回答	回答态度	衡量学生回答问题的主动性和积极性	主动回答（主动回答教师或同学提出的问题，或者主动补充、修正同学回答过程中的问题等）
			被动回答（在教师或同学的要求下被动回答问题）
	回答	衡量学生回答的质量情况	高水平（内容完整严密，表达流利顺畅）
			中水平（内容完整，但表述不够清晰）
			低水平（内容错误、表述混乱、逻辑不清等）
应答处理	是否应答及应答方式	教师：是否对学生的回答做出回应以及采用何种方式回应	无应答（对学生的回答未做任何评价）
			重复（重述学生的回答）
			追问（对学生的回答提出进一步的追问）
			拓展（对学生的回答做进一步的拓展分析）
		学生：是否对教师的讲解或同学的回答做出回应以及采用何种方式回应	同意教师、同学的回答
			提出新问题（对教师、同学的讲解产生疑问并提出新的问题，根据问题的质量又可分为高水平、中水平和低水平三个层次来评价）

　　课堂观察是听、评课的一种范式，是教师研究课堂的一种方式或方法，有利于对课堂行为的局部进行分析与诊断，它主要有三项任务：①描述教与学的行为，诊断教学问题；②帮助教师改进课堂中具体的教学问题；③改变教师日常的课堂研究行为。如有可能，对一位教师的教学行为进行跟踪递进式观察，则对其专业发展有着非常大的促进作用。

3. 微格演课

微格演课是在微格教学和说课的基础上发展起来的，它是以认识论、现代教育理论、教育心理学和学科教学论为理论依据，应用现代视听技术手段进行的对教学行为的及时反馈，是一种实践性、操作性极强的校本教研活动。这里的"微"是微型、片段及小步的意思。"格"是指分类研究教学行为的规律，从而掌握教学技能。任何一种技能都要通过练习才能获得，教学技能也不例外。

微格演课的过程主要有：对教学内容进行分解→分别就所承担的内容和任务进行教学设计→模拟真实课堂进行演课→就演课的结果进行讨论评估→二次演课→组合定型。

进行微格演课需先将教学内容分成若干子单元，如在化学教学中讲授"质量守恒定律"时，可将内容分解成概念、理论、实验、应用四个子单元，然后根据教研组内的人员数量确定分工，每人可承担一项至两项任务。每个成员在进行微格演课时重点考虑自己所承担的部分内容，要细而又细，精而又精，同时还要顾及整体，只不过不必考虑自己所负责内容之外的细节。活动时，教师根据事先设定的教学步骤和教学时间依次进行演课。演课时将自己的同事当作学生进行教学演练，并请学校电教组拍摄成录像，便于教学研讨。演课完毕，教师应对执教者的教学发表意见，既要提肯定性的意见，也要提改进性的意见，同时还应结合教学录像边看边评，执教者也可以在大家发表意见的基础上谈个人的看法。这样通过讨论，使大家的认识趋于一致，结束后，执教者根据大家的意见修改自己的教学设计，并准备进行第二次演课。二次演课既是对评估意见的接受，也是对改进建议的检验。最后进行组合定型：教研组在分解演课之后要将各个步骤依据教学目标和教学内容的逻辑顺序组合在一起，使之最后成为一堂完整的课。组合后的教学模型可以由教师直接移植于真实课堂。

在进行微格演课时要协调好部分与整体的关系：微格演课将一个完整的内容进行分解，参与演课的教师在备课时要有整体意识，使子单元的教学设计能兼顾到整体，使自己所承担的教学任务与其他人将要实施的教学步骤有机地联系在一起，对教学时间不能任意缩短或延长。

三、体会与思考

新课程改革背景下的校本教研活动与原有的教研活动无论在内容、组织形式还是运行、保障机制等方面都有很大的不同。可以说，教师群体的同伴互助和合作文化，是校本研究的标志和灵魂。校本教研活动的形式是多种多样的，对课堂教学的研究则是教师进行教学研究的永恒题材。同课异构、课堂观察、微格演课等校本教研活动，在新课程改革的背景下，被赋予了新的内涵而备受关注，给人以耳目一新的感觉。开展以课堂为核心内容的校本教学研究活动，改变了以往教学研究活动中"组长讲，组员听"或"一人主讲，他人倾听"的被动模式。在这样的活动中，每个教师的想法得以展现，个体的才华得以发挥，实践水平和理论水平取得双重提高，从而有力地促进了教师专业的成长。

第三节　化学教师开展课题研究的探索

当前教师成为研究者的观念已成为共识，随着教育改革的深入，教师专业化水平的不断提高，教育科研能力已经成为教师专业能力中的有机组成部分，过去那种备课、讲课、批改作业、家访等一系列工作程序已经不能满足现代教育的需要。在新课程改革的背景下，教师必须改变长期以来习以为常的职业生活方式，从习惯性教学走向研究性教学，由单一的教学实践者变成教学的研究者，这对教师来说无疑是一种挑战。

化学教师不属于专业教育研究人员，但进行化学教学研究是化学教师的基本功之一，对化学教师教学水平的提高和教学改革的深化有着重大的作用。教师在新课改实施过程中要考虑制定教学目标、确定教学重点、考虑课堂教学进程、安排组织实验以及对学生学业的评价等，工作了一个阶段以后要回顾一下工作的得失，思考进一步开展工作的措施。这表明，事实上化学教师在进行教学工作的同时也在进行着教学研究。但问题在于这种研究是不自觉的，既没有整体计划，也很难达到理性认识的飞跃。譬如，有人认为教师仅仅是为评职称而写论文、搞教育科研，对进行教育科学研究的目的不明确；有的教师盲目追求课题的级别或教育模式的构建，通过研究要解决什么问题并不清楚，使研究与自己的日常教学相脱离，造成假、大、空的研究；还有的教师确定了研究课题之后，重结果，轻过程，写一篇总结、凑一篇论文就算研究，使研究流于形式主义；还有的教师在确定研究课题之后，缺少科学的设计，把研究等同于日常的工作，使研究缺乏科学性和可信度；等等。随着新课改的深入推进，有目的、有计划地开展教学研究，已成为广大教师工作必须涉猎的领域及亟待解决的问题。

一、化学课题研究的范围

化学课题研究是以实践为基础，深入分析和总结化学教育、教学工作中的现象，从而深刻揭示其本质规律的过程。通过对化学教育、教学中的实际问题不断思考、积极探索，可对所研究的问题有较深刻的认识和独到的见解。化学课题研究涉及化学教育教学过程中的各个环节，每个环节都有研究不完的课题，主要可以从以下七个方面进行探索。

1. 化学课堂结构的研究

教学改革的深化呼唤多样化的新型课堂结构的建立，有关这方面的问题亟待深入的探究，例如，化学教学目的与教学重点的确定原则与体现途径的研究、教学环节与课型的研究、并进式实验的选定原则与实施方式的研究、课堂练习的设置目的与组织形式的研究、课堂教学中如何实现学生学习方式转变的研究等。

2. 学生的素质结构及施教策略的研究

在化学教育教学中应怎样承担学生的素质培养、学生的素质结构应由什么组成和怎样施教等问题已迫切地摆在我们面前，需要做出明确的回答。

科学方法论与科学世界观教育的研究、形成良好严谨学风的研究，都是素质教育研究的组成部分，都是素质教育运行机制中需要解决的问题。如高中化学长时间的考前总复习几乎成了一些学校约定俗成的教学计划，这就需要研究其形成的历史原因及复习课的地位与作用；无穷无尽的"题海战术"对学生的学习心理与素质形成带来危害，也需要给出恰如其分的分析与研究；令人生厌的"顺口溜"在化学教学中的泛滥所起到的不良作用，同样需要做客观的评析。

3. 化学课程标准和教材的研究

怎样在化学教学中完整地体现课程标准对知识和能力的规定、课程标准中的知识结构怎样在教学进程中形成网络等，都需要有一批高水平的研究成果。根据化学新课程标准，目前国内出版了多套化学教材，教学设计的优化因为教材的多样化而有了更多可以参照的依据。要把"优化"变成可能，就得围绕课标要求，融合不同版本教材的内容，进行多维对比研究。

4. 化学实验教学的研究

化学是一门以实验为基础的科学，这就决定了在高中化学教学中开展对化学实验教学的研究是一个重要的课题，有必要对怎样组织实验做深入的研究。现在有相当一部分学校，实验课上是乱作一团，形成了教学失控的局面。怎样使实验课有序地进行？怎样使实验课形成理想的科学气氛？这种课题有很大的现实意义。对化学实验教学的研究还包括对实验内容的研究等。有些实验被很多人引用，但它却未必百分之百正确。学贵有疑，这是化学教师应有的素质。目前，强调探究性实验对学生科学素质的培养的重要性，如何进行科学探究也是一个颇有实际价值的研究课题。

5. 三维目标与思维能力培养的研究

课程标准规定中学化学教学主要应构建"知识与技能""过程与方法""情感、态度与价值观"相融合的中学化学课程目标体系。很显然，对这三种目标内容的研究、三种目标之间关系的研究、三种目标结构的研究、三种目标形成过程的研究以及它们在教学过程中发展状况的研究等，都是当前化学教学研究中有现实意义的课题。

学生思维能力的培养是教学研究中一个重要的组成部分，它往往对人的素质形成起着举足轻重的制约作用，这个课题较大，涉及多学科的协同，但并不妨碍从若干具体的化学问题入手来逐步探究解决。

6. 成熟理论再创造的研究

随着改革开放的深入，国外一些成熟的现代教育理论纷纷传入我国，例如，布鲁姆的掌握学习、奥苏伯尔的有意义学习、瓦根舍因的范例方式教学等，与此同时，近年来国内也有一些新的教学模式涌现。对这些已成熟和基本成熟的理论，教师可结合自己的教学实际引进到教学改革中来，开展教学研究。

在做这类研究时，要注意的是不能机械地引用，要使实验与研究的过程成为一个再创造的过程。以一种理论为中心，可以兼收并蓄，吸收其他理论的优点，建构属于自己的教学工作体系，还应注意对国外的理论不能无批判地接受。

7. 指导备考研究

有考试就有备考，用有限的时间指导学生准备高考，这与应试教育是两回事。教育改革在深化，我国的高考改革也在深化。指导备考的研究可以包括：考试说明的研究、题型的研究、各种题型所承担的功能的研究、能力结构与考查的研究、实验考查的研究、试卷结构的研究等。尤其是高考对高中化学教学的正向导向作用应当是一个很重要的研究课题。至于猜题、押题、不负责地传播"高考信息"等，并不属于对高考的研究之列，恰恰相反，它们只是备考工作中的不正之风。

二、化学课题研究的一般步骤

1. 确定研究课题

进行课题研究，首先必须选好题，这在一定程度上反映了整个研究的价值，它引导着研究的方向，制约着整个研究过程。选题主要突出一个"新"字，要选择有别于他人又符合教育发展方向的观点。另外，还可以从一个新的视角来分析化学教育教学现实中的问题或分析在教育领域新出现的、带有典型意义的问题等。

2. 制订研究计划

研究计划包括课题名称、课题组成员及基本状况、在课题中的分工、课题提出的背景和对教学工作的实际意义、本课题当前在国内外的基本状况、课题研究进度安排、课题研究的基本手段、课题研究的经费支持状况和使用计划等。

3. 查阅文献

从文献中了解他人在有关本课题各方面所做的工作及成就，为研究工作提供重要的线索，也可吸取前人工作的经验以避免工作的重复，少走弯路。

4. 确定控制因素

一个客观事实总是由若干因素构成的，在这诸多因素中有一个或几个对其他因素起着制约的作用，这样的因素称为控制因素。确定研究课题的制约因素，可为课题研究的顺利展开提供可靠的保证。例如，研究学生在学习化学时思维能力的形成，思维层次是它的基本因素，而思维层次与思维属性密切相关，在思维属性中思维的创造性又是最集中的表现，因此，在这个课题研究中，可以把思维创造性的形成作为控制因素。

5. 运用因素开展研究

在确定了有关因素和控制因素之后，首先着手运用它们开展研究工作。常规手段有：进行有目的的研究性的教学实践、编制调查问卷并实施调查、用对比组的办法在一个阶段后进行测试、对所得数据做统计（有时要用计算机处理）等。其次用初步研究得到的结果提出一个有关本课题结论的假说，将这种假说应用于实践，对假说加以修正，最后得出课题结论。

6. 写出课题报告（论文）

教学研究多数是以课题报告（论文）的形式来表达其成果的。论文的一般结构应包括问题的提出、问题的研究、结论与反思等。研究论文的撰写是课题研究的最后阶段，直接关系到科研成果的呈现。

三、体会与思考

1. 要重视过程

教师的科研意识是在教育科研的过程中展现的，教师参与教育科研的特点是"教中研"。包括接受既成的科研理论成果，将其转化为具体的教学规范，在教学过程中应用、实践。在教学中自觉地发现问题，然后进行自我探索、监控、评价，达到提高教学水平的目的。

2. 要注重应用

科学研究一般分为基础研究、理论研究和应用研究。教师研究的问题直接来自教育教学实践，是为解决具体问题服务的，它有极强的针对性和目的性。只有使科研与教学相结合，教师的科研活动才有价值。教师的科研应体现在如何将已有的教育理论研究成果尽快地转化到教育教学实践中去，促进教育教学水平的提高。教师在教育科研中应是一名学习者。首先，教师在参与教育科研时应是自主式的学习者。教育科研是一个不断发现、探索、解决问题的过程，这正是"学习"的本质所在。其次，教师作为自主式的学习者是贯穿教育教学过程始终的，只有学习行为日常化，教师的科研水平才能不断提高。

3. 要遵循原则

课题研究要有科学性，不要为研究而编造数据、凑材料。有些教师将课题研究庸俗化，自己在教学中的一点心得、一种见解写出来就当作科研成果，不想脚踏实地搞调查、做研究，这种做法本身就是不科学的。有些学校提倡教师人人有课题，但忽视了教师专业素质的参差不齐，一些教师教学的基本功还很差，硬要他搞课题研究，又没有对其进行相应的指导，结果造成课题研究的形式主义泛滥。

作为化学教师，应通过不断学习、研究、反思来更新知识、确立理念、提升境界。向书本学习，确立合理的知识结构；向学生学习，教学相长；向同行学习，取长补短。现代学校鼓励教师进行研究，现代教师要学会研究，在教中研、在研中教。可以写教学日记，进行资料信息的研究；可以写教学札记，进行现状的研究；可以写案例分析，进行个案的研究；可以将三者结合起来，进行持续的归纳、提炼、总结，直至形成研究成果。

参 考 文 献

[1] 洪志文. 和谐高效思维对话新课堂教学的实践探索高中化学 [M]. 北京：教育科学出版社，2011，6.

[2] 杜贞忠. 高中化学高效课堂教学模式研究 [M]. 哈尔滨：哈尔滨地图出版社，2018，6.

[3] 丁明海. 高中化学高效课堂策略研究 [M]. 北京：团结出版社，2017，6.

[4] 庞勇. 高中化学高效课堂的理性思考与探索 [M]. 长春：吉林大学出版社，2017，12.

[5] 刘欣. 高中化学高效课堂实践 [M]. 北京：北京日报出版社，2015，8.

[6] 段红，于静. 怎样打造高中化学高效课堂 [M]. 北京：现代出版社，2016，4.

[7] 王静姝. 现代高中化学高效课堂教学概论 [M]. 青岛：中国海洋大学出版社，2015，12.

[8] 陈永平. 走向化学高效课堂 [M]. 上海：上海教育出版社，2017，6.

[9] 李明霞，李建国，徐秀丽. 学生为本与高效课堂 [M]. 北京：中国轻工业出版社，2015，5.

[10] 王协民，蒋学勤. 高效课堂三案六步教学模式 [M]. 广州：华南理工大学出版社，2015，7.

[11] 周斌. 守望智慧的课堂 [M]. 北京：北京燕山出版社，2017，12.

[12] 朱怀太，刘振中. 平凉好课堂平凉区域课堂教学模式的构建与发展 [M]. 兰州：甘肃文化出版社，2017，10.

[13] 张亚东. 数学课堂教学设计案例点睛 [M]. 上海：上海教育出版社，2017，3.

[14] 吕世年. 高效课堂教学行为研究 [M]. 北京：光明日报出版社，2012，2.

[15] 刘凤军. 课堂突围：一所农村中学的课改探索 [M]. 沈阳：辽宁教育出版社，2015，9.

[16] 赵秉乾，郑思东. 解构课堂中的"真"问题：课堂艺术"真光之爱、自能发展"真光教育研究丛书［M］. 广州：暨南大学出版社，2016，7.

[17] 郭平，卢雄，李小融. 高中校长论教育教学与管理［M］. 成都：西南交通大学出版社，2016，6.

[18] 余闲. 你在为谁读书7：青少年高效学习力［M］. 武汉：长江少年儿童出版社，2018，1.

[19] 严怀安. 高中理科高效课堂全程备考化学［M］. 武汉：湖北教育出版社，2005，8.

[20] 张炳起. 潍坊中学课堂高效100说［M］. 北京：中国戏剧出版社，2008，11.

[21] 钟山. 专题小课本高中化学实验基础［M］. 北京：现代教育出版社，2008，5.

[22] 肖卫. 清华高效学习法［M］. 海拉尔：内蒙古文化出版社，2001，12.

[23] 陆旭东. 美术特色高中课程审美化建设研究［M］. 天津：天津教育出版社，2017，8.

[24] 董国才. 耕耘·问道唐山市丰南区高效课堂建设学科模式及案例［M］. 北京：中国农业大学出版社，2016，11.

[25] 田文江. 打造高效课堂——与武汉名师面对面［M］. 天津：天津教育出版社，2011，9.

[26] 周光明，楼海红，向沛峰. 生命化教学我的课堂我做主［M］. 杭州：浙江工商大学出版社，2014，4.

[27] 赵刚，袁红娟，陆海峰. 高中化学课堂教学与体系构建［M］. 长春：吉林人民出版社，2019，10.

[28] 张燕萍. 高中课堂教学设计汇编有机化学基础篇［M］. 北京：北京邮电大学出版社，2017，5.

[29] 林肃浩，王先锋. 指向关键能力的高中化学课堂教学［M］. 杭州：浙江科学技术出版社，2020.

[30] 李发顺. 重构学生主体课堂的思考高中化学新课程教学设计［M］. 宁波：宁波出版社，2014，11.

[31] 汤瑞芳. 高中化学课堂教学艺术研究［M］. 延吉：延边大学出版社，2018，3.

[32] 孙正. 高中化学课堂有效教学研究［M］. 延吉：延边大学出版社，2020，8.